HUANXING NEIZAI DE XUEXILI

唤醒内在的学习力

[美]刘 轩 著

接力出版社
Publishing House

图书在版编目（CIP）数据

唤醒内在的学习力 / (美) 刘轩著. — 南宁 : 接力出版社, 2022.3（2024.10重印）
ISBN 978-7-5448-7623-0

Ⅰ. ①唤… Ⅱ. ①刘… Ⅲ. ①学习方法–青少年读物 Ⅳ. ①G791-49

中国版本图书馆CIP数据核字（2022）第033098号

责任编辑：楚亚男　装帧设计：许继云
责任校对：张琦锋　责任监印：郝梦皎
出版人：白冰　雷鸣
出版发行：接力出版社　社址：广西南宁市园湖南路 9 号　邮编：530022
电话：010-65546561（发行部）　传真：010-65545210（发行部）
网址：http://www.jielibj.com　电子邮箱：jieli@jielibook.com
经销：新华书店　印制：北京科信印刷有限公司
开本：710 毫米 ×1000 毫米　1/32　印张：7　字数：135 千字
版次：2022 年 3 月第 1 版　印次：2024 年 10 月第 3 次印刷
印数：24 001—28 000 册
定价：48.00 元

目录

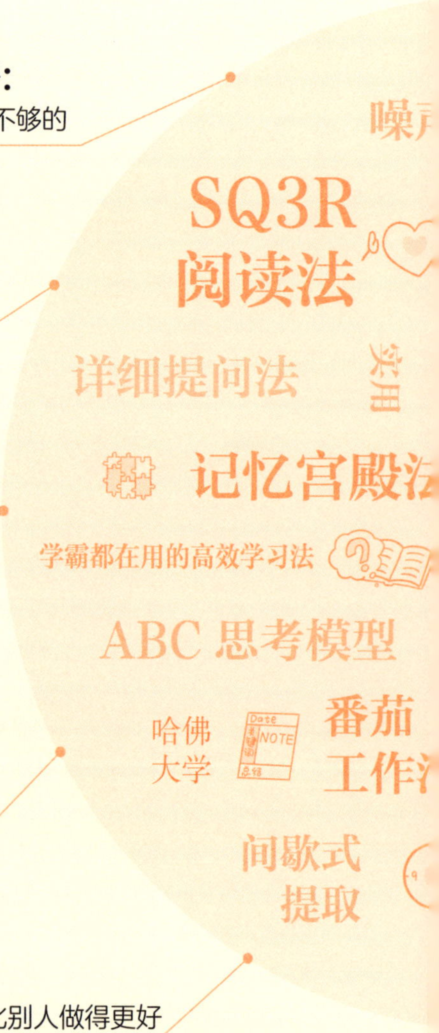
SQ3R
阅读法
详细提问法
学霸都在用的高效学习法
ABC 思考模型
哈佛
大学
Date
NOTE
间歇式
提取

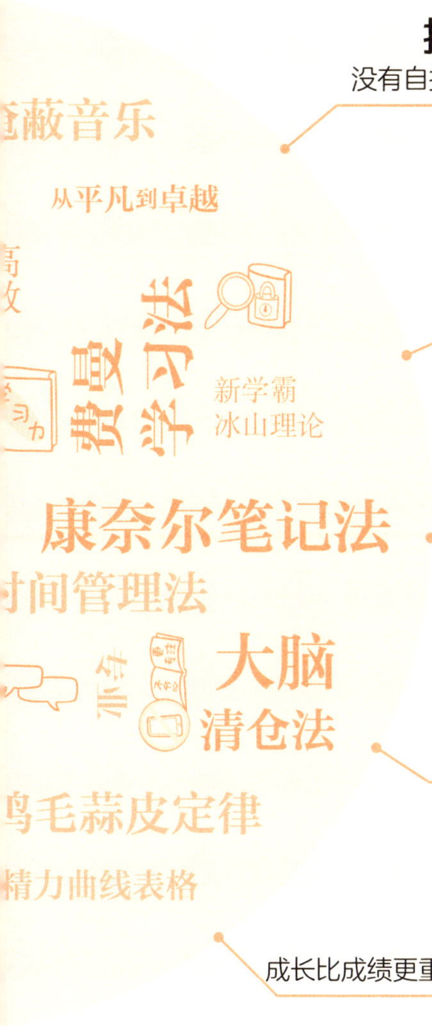
从平凡到卓越
费曼学习法
新学霸
冰山理论
康奈尔笔记法
大脑
清仓法
精力曲线表格

前言

哈佛学霸的学习方法，和你不一样

亲爱的同学，你好！

当你翻开这本书时，我猜你八成在想：书里肯定有一些学习的秘籍，只要我学会了，就能在学习上如虎添翼。

如果你的预期是这样，我可以明确告诉你："没错！"这本书里确实有一些看起来像秘籍的东西，只要你了解它、掌握它，你的学习能力就会得到提升。

因为这些是全世界顶级的心理学家、学习专家和脑科学家研究出来的成果。但在打开这本"秘籍"之前，我想先和你聊聊：学习，是一种什么样的能力？当你在学习时，你有没有感到自己在发挥这种能力呢？

有件事我觉得很妙，比如我们去游泳，我们得学怎么换气、怎么拍水，要经过一段时间练习后，才能下水。唱歌也是一样，要学会控制声带，要用身体共鸣，你才能唱好一首歌。但好像没人教过我们，“学习”这件事，应该要怎么学习。或者说，“学习”这件事，难道不应该经过学习之后，再去学习吗？

我上哈佛大学之前，也没有想过这个问题。

在很多人眼里，我一定是个很会学习的人，不然怎么能考上哈佛大学？确实，很长一段时间里，我也自认为是个很会学习的人。

在我移民到美国后，只会几句简单英文的我，通过努力，以全校第一名的身份，考入史岱文森高中。在史岱文森高中，我提前半年拿到毕业证，被哈佛大学录取，所以我自认为还是有点能力的。但是进入哈佛之后，我这个学霸被更厉害的学霸“干掉”了，而且心服口服。我也才知道，对于什么是学习，我还得好好学习一番。

在这里，不免要多说几句在哈佛的生活。哈佛坐落在美国波士顿的剑桥镇，那是一个非常古老的小镇。开学那天，我爸妈开车送我，对他们来说，那应该是一个非常骄傲的日子。

我母亲特地叮嘱我：“你一定要好好学习，不要总是待在宿舍里，多去图书馆，多看书，多向教授请教。”

在我母亲心中，哈佛生活大概就是在那座古香古色、超级无敌大的图书馆里，她的儿子每天清晨早早占好座位，到傍晚时分再背着书包离开吧。

但其实哈佛的社团活动特别多，也特别好玩！我可不想做一个戴着厚厚眼镜的书呆子，所以当时我参加了亚洲同学会，加入一个杂志社，还在电台做DJ。当然了，我知道学习是第一重要的事，所以我也要好好规划一下，在知识的海洋里遨游一番。

哈佛第一年主修通识课程，你可以选任何一门你感兴趣的课程。听“过来人”分享经验说：“你最好别选超过四门课，但也不要少于三门课。”于是，我“入乡随俗”，选了四门课。

选完之后，我身边的同学说：“轩，你要好好规划一下时间，因为每门课要读的书非常多。”

我想，没问题，我最擅长读书了！但去买课本的时候，我真傻了眼。

在哈佛校园旁边有个书店，哈佛的学生都是去那儿买书。里面有关于每个科目的各种各样的书，基本上同一个科目的书都放在同一个书架上。你选了哪门课，只要找到那个书架，把书拿下来放在篮子里去结账就好。

当我站在其中一个书架下面，我才知道什么叫“知识的重量”——我几乎需要搬走半个书架的书。

怪不得我的同学出发前都准备了一个购物车，像是去超市买菜一样！一开始，我还开他们玩笑，没想到糗在最后的是我自己。

抱了两次，我才把需要的书搬到收银台。我不光塞满了我的书包，还把店员给我的两个大大的塑料袋塞满了，结果回去的路上，因为书太重，塑料袋居然破了，书散落了一地。

最后我还是借了同学的购物车，才把书拉回宿舍。我把书摞在地上，从下到上用卷尺量了一下，差不多90厘米。这些就是第一个学期教授指定要读的书！我算了算需要花费的时间，还不包括上课的时间、准备考试的时间、写报告和写作业的时间……

好吧！我知道在哈佛上学很不容易了！

一开始，我真是拼了老命，白天时间不够就熬夜读书，经常读到满眼血丝。第二天的第一堂课一般是上午8：30，通常我在8:20才会醒过来，稍微洗把脸就跑出去，冲刺到教室里，坐在座位上，马上就想打瞌睡。

我还记得当时我要不断地掐自己，逼自己不能睡着，因为真是困极了。所以在第一学期，我真的觉得太难了！

不光是我，我发现很多同学的黑眼圈也越来越重，好像大家都没办法承受这种学习的强度。后来，有一些同学找到了节省时间、提高效率的办法，就是在宿舍的餐厅学习，困了累了就给自己倒咖啡或可乐。当然了，每个这么做的人，在学期结束后，都胖了十几斤。

就在我觉得累到怀疑自己的能力，在崩溃的边缘徘徊的时候，我发现了一个“神人”，他叫Joe，是我的舍友。

我还记得第一次结识这位老兄的情形。当时我搬着行李去宿舍楼，刚一进去，就听到有一个很低的贝斯的声音，好像有人在举办派对。越靠近我的房间，声音就越大，震得门框都在颤动。一进房间，我就看到了这位老兄在放音乐。

我想，这太酷了！刚好我也喜欢音乐。

我们相互做自我介绍，我得知他除了玩音乐，还是田径队的成员，每天都要去操场训练。此后的日子里，我常看到他早晨就跑出门，下午有时候回来睡个觉，晚上去同学的派对做DJ，感觉每天的日子都挺轻松的。

我有点好奇，他有多少精力放在学习上呢？要知道，我可是几乎每天都去图书馆自习呢！于是，在第一个学期之后，拿到成绩单，我就问他：“Hi，Joe，你的成绩如何？”

他耸耸肩说：“还好啊，都是A啊！”

什么？我翻翻他的成绩单，还真是这样。关键是，他主修的一些课，真的挺难的。

我太郁闷了！心想这哥们儿到底是什么样的学霸，这么会玩，学习还这么好！

于是，我不禁问道：“你怎么能做到每天都这么轻松呢？”

没想到他反问我：“轩，你怎么能做到每天都那么忙呢？”

我以为他在嘲讽我，后来发现并不是。他很认真地跟我说：“我看你一天到晚都在读书，动不动就抱着一堆书去图书馆，我真的不知道你为什么这么有毅力，我是没办法做到。”

“但是你不用每天读书，照样可以全拿A啊，为什么你能办到呢，还可以这么轻松？”我虚心请教。

他回了我一句话：“You just do what you gotta do！（你就做你得做的啊！）”

听起来有点莫名其妙，对吧？

他接着解释说：“其实每天我们要做的事情太多，但如果你真的停下来思考，会发现绝大多数事情，真的不是那么有必要去做。所以，如果你现在要做一件事，那么当下，你就必须要做。”

这是他上大学之前，在田径队学到的重要一课。因为田径队要占用大量时间来训练，所以教练跟他说：“一边要训练，一边还要完成学业，你的时间肯定不够用。所以，你要选出你必须要做的事，然后把它做好。做好之后，剩余时间你再去做别的。”

所以他从很小的时候，就养成了一个习惯，他随时问自己：“当下我最需要做什么？”比如临近考试了，他训练完，冲回房间，洗个澡换好衣服之后，就坐在书桌前，把书打开，盯着看很久。以往我看见他这样做，以为他在看书发呆，现在才知道，他是在研究课纲。这个课纲就是每个学期开始，教授列给我们的要学的内容和要读的书，他就是在看这个。

为什么要看这么久？他说：“我必须要先搞清楚，教授最希望我们学到什么，以及这个课程的脉络。掌握了这个之后，我才能知道我必须要看什么书。因为我没有时间，也没办法看完所有的东西，所以掌握这个脉络之后，我才能知道如何取舍。”

他的话给了我很大启发。像我之前准备考试，就是打开书，从第一页开始念，事无巨细都要掌握，尽量学得越多越好，但往往越学效率越低，直到筋疲力尽。而 Joe 的做法是，先挑出他必须要看的，今天就花 2 小时看，其他的先不管。他肯定没办法学完所有的东西，但这样做的结果是学习效率非常高，而且考试的内容，也都是从这些主要脉络来的。

这让我开始思考一件事——

学习，必须要寒窗苦读吗？要一直跟自己过不去，苦坐在那里学吗？按照传统的看法，“学海无涯苦作舟”，要想取得好成绩，就得付出大量时间和精力，这才是正确的学习方法。但根据我在哈佛的观察，那些学霸很少有这么做的。

他们通常既是“书虫”，又是“玩家”，学习、社交、社团活动、

比赛，统统没落下，考试成绩照样顶呱呱。同样是一天 24 小时，是什么让他们如此高效率？

为此，我向很多学霸请教，了解他们的方法和经验，他们也很乐意分享，于是，我获得了很多关于学习这件事的不同角度的认知。学到一些学习的招数后，我也不再是那个每天抱着一堆书，去图书馆苦读的傻小子了。

后来进入大二，出于个人兴趣，我主修了心理学，而心理学就是研究人的行为和思想的，其中有一部分就是在研究人的大脑如何记忆、如何保持专注、如何提高自我效能等。从这些研究中，我也发现，原来 Joe 和那些学霸同学，他们或许并不了解这些研究，但他们使用的学习方法，或多或少都符合学习的规律。

所以，这就成为我写这本书的一个缘起。既然这些关于学习的学习方法如此高效又好用，为什么不整理出来，让更多为学习而苦恼的同学，能够加倍甚至数倍地提升自己的学习力呢？

更妙的是，心理学中的很多研究可以和这些方法相互佐证，让我能够从中选取出具有普遍性而不是基于个人特质的方法。换句话说，你只要掌握这些方法，运用到你的学习中，必然会有好的效果，这一点我非常确信。

所以，亲爱的同学，无论你处在哪个年级，我都希望你能从这本书中，找到一些适合你的学习方法。

每个人的时间都是固定的，一天只有 24 小时，一年只有 365 天，而随着年龄增大、年级升高，你的生活会越来越忙，你的事情会越来越多，而留给学习的时间会越来越少，越来越珍贵。那么，如何利用这有限的时间实现最高的学习产出，是我们年轻时就要解决的课题。

或许学过的知识会随着时间推移而被忘却，让你头疼的考试会随着升学而被抛之身后，但这些有效的学习方法，哪怕在你离开学校、走上工作岗位之后，也仍然会源源不断地为你带来收益。

这正是我所希望达成的愿景。在不断流逝的时光里，让我们抓住那些根本的、重要的事，让它们在之后的岁月里，能够闪闪发光。

You just do what you gotta do！（你就做你得做的啊！）

是为序。

第 1 章

学习力秘密

只有学习方法是不够的

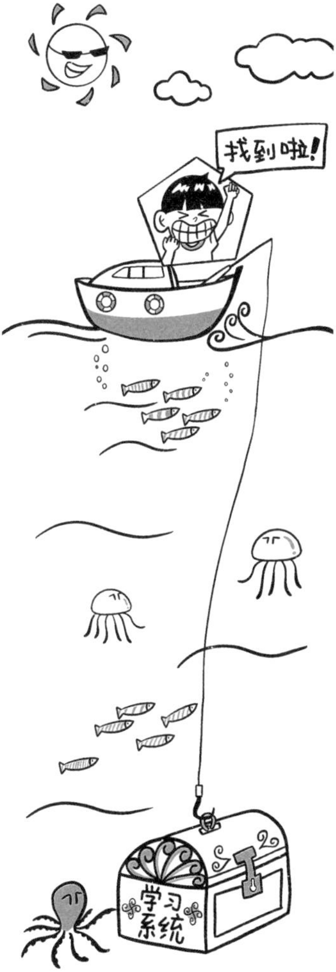

首先，让我问你一个问题：“你为什么而学习？”

很多同学的第一反应可能是：“哪有为什么？我们就是得学呀。”

没错，我们从小就被父母送到幼儿园，然后小学、初中、高中一路读下来，按部就班学习各种知识。这是一件没商量、必须得做的事，而我们也默认这是一个长大成人的必要过程。但如果我们跳出考试升学这个圈子，再来看看，你到底是为什么而学呢？

比如，你遇到一款很喜欢玩的电脑游戏，怎么都无法通关，你开始研究游戏的各个细节、获得各种宝物的方法，甚至向网上的高手请教，这是不是一种学习？当然是！那你为什么学呢？是为了把游戏打得更好，也可能是为了在同学面前秀一下。

再比如，你很喜欢户外运动，向往去野外露营、徒步、溯溪，但家长说你现在的主要精力应该放在学习上，你也同意这一点，但忍不住去买户外探险的书、看纪录片，甚至买来材料，学习打绳结、扎帐篷，研究一些急救技能。这是不是一种学习？当然是！那你是为什么而学呢？是为了有一天在户外能用得上。眼下虽然不能去户外，但是学习这些能给自己一些精神上的满足。

所以你看，我们学习都是为了达到某个目的，或者说，为了解决某个问题。哪怕是在学校里，我们的学习也是如此，为了顺利通过考试、顺利升学，或者为了拿到技能证书，有更好的工作机会，等等。

只不过对不少同学来说，学校里的学习是被安排好的，不像打游戏、做运动是我们自发地想去学的，所以有一种应付的心理。

学校里的学习 VS 自发的学习

你有没有发现，学校里的学习和我们自发的学习，有什么不同？

自发的学习，你当然会更有动力去学习。抛开这个，看看你在学习方式上有什么区别。

第一，你会想各种办法获取资料，在书上和网上查找，或者请教某些人。第二，你会时不时地就去学习它，虽然没有大段时间来研究，但只要有一点儿空闲时间，你就会想到它、琢磨它。第三，你会忍不住和他人分享，在网上和他人交流，或是在下课后和同学交流。第四，在学习过程中没有什么压力，不需要考试，也不需要和别人比较，因此你更专注、更投入，学得更好……

其实，在这些不同里，就藏着高效学习的秘密。

究竟是什么呢？让我先卖个关子。

我们先来做一次时空探险吧！

把时间倒退一万年，如果不够，就倒退两万年……好了，我们回到了某个原始时期，在地球上的某片草原上，有一个和你年龄差不多的少年，他正在为学习苦恼呢。

“啊？”你可能问，“那个时候还要学习？”

当然了！他虽然不用学习数、理、化，但是他所在的部落有个传统，到了一定年龄，就要举行成年礼。通过成年礼之后，他就可以像大人们一样，去打猎，独自生活。

通过成年礼的要求，就是能独自捕获当地的一种豹子。

这可不简单呢！毕竟那时候他们还没有弓箭，甚至连金属都没有。他们能用的武器就是用木头和石头做出来的简易投枪。

而上一次，他跟他的父亲去学习掷投枪，就学得一塌糊涂。

那天，他们藏在一处水源附近的草丛里，等着动物们来喝水，就有机会捕捉到猎物。没过多久，少年就看到一头体形和他差不多大的豹子。等豹子开始低头喝水时，父亲示意他，把投枪掷出去。

少年手心里都是汗，他在心里模拟：我要一下子站起来，手一挥，枪掷出去扎中豹子……或者，我站起来，先瞄准，再掷出去……

父亲推了推他。少年心一横，刚要起身，豹子突然察觉到了什么，向他们所在的草丛看了一眼。少年一下呆住了，大脑一片空白。忽然，旁边一个身影一闪，豹子被投枪扎中了。是他的父亲出手了。

少年的第一次捕猎，失败。他知道，自己需要克服的，是心里的恐惧，他要学会稳定心神，起码，能先把投枪掷出去。

所以他找了一些方法来增大胆量。比如，去部落周围的小树林探险，那儿没什么危险动物，但一到晚上就变得很可怕，有各种小动物发出的奇怪的声音。

他常常等大家都睡了，一个人悄悄跑到小树林，找个树杈待着，等天边开始发白，再跑回部落。

练习了几天之后，他觉得自己胆量够大了，向父亲提出了再一次打猎的请求。

于是，他们又来到了上次的水源地。

这一次，他真的没有恐惧，他快速起身，用力一掷，但没有打中，偏得很远，豹子受到惊吓，就跑掉了。

他意识到，是连续几天熬夜，让他缺乏睡眠，影响了精力和体力，甚至注意力都没法特别集中。所以，这一次他又失败了，不过比起上一次进步了很多。

第三次，他睡够了觉，精力充沛，再一次出手。虽然还是没打中，但几乎要打中了。这一次之后，他的自信心就很足了，因为他知道，接下来需要练习的是掷投枪的方法，所以他就扎了几个草堆，练习瞄准和掷投枪。

他最终独立捕获一头豹子，是几个月之后的事情了。他虽然还有很多东西要学习，但起码通过了这一阶段的考核，顺利完成了他的“成年礼”。

故事讲完了，让我们把时间调回到21世纪的今天。

假如你是这位原始社会的少年猎手，你会怎么安排自己的课程呢？

我猜，你会这么安排：有大量的时间是用投枪练习击中各种靶子，高靶子、低靶子、远靶子、近靶子，说不定还有移动靶。你还会改进掷投枪的方法，抛掷的动作、手势，掷出去的曲线，甚至要研究不同长度的投枪。

我们很容易把练习的重点，都放在这些掷投枪的方法上，没错吧？

但从这位原始少年的学习经历看，掷投枪的方法只是最后要解决的，他首先要克服的是面对大型动物的恐惧。如果太恐惧以至于无法出手，有再好的技术又有什么用呢？

然后是他的体力和精力，这会影响他是否能专注，是否能瞄得准，是否能及时捕捉到出手的时机。

最后，才是掷投枪的技术，准确性、力度等，而这又受前面两个因素的影响。

所以，即使是掷投枪这一看似简单的技术，学习起来也不仅仅是“学习掷投枪”这么简单呀！

时至今日，我们绝大多数人已经不需要学习打猎，我们的学习目标已变得五花八门，学习场所也从线下拓展到线上，我们的学习行为本身，和这位原始少年有本质上的区别吗？

答案是没有。

这是由我们的大脑功能决定的。当我们把学习看作人的基本行为之一，会发现学习的效果不仅仅取决于学习方法，还有很多因素在影响它。

影响学习的三大因素

影响学习的第一大因素，是我们的情绪。

你可能觉得奇怪，情绪和学习有什么关系？不仅有关系，而且“生死攸关”。

举个简单的例子，某天上课时，你最要好的朋友从前面传来一张纸条，纸条上写着几个大字：

我们绝交吧！

你会有什么感觉？不解？惊诧？难过？慌张？愤怒？你也许会思绪纷飞：我做错什么了吗？他为什么这么说？是开玩笑还是来真的？我应该怎么回复他？

你甚至觉得有点呼吸困难，茫然不知所措。

请问，这个时候老师讲的内容，还能进入你的脑子吗？如果这时老师叫到你名字，让你回答刚才的问题，你还能回想起老师刚讲了什么吗？

这就是情绪的影响。

情绪的产生主要来自大脑的边缘系统，它在我们大脑中的优先级极高，所有信息传递到大脑中，必须要先经过边缘系统的筛选。边缘系统就像过滤器一样，左右着我们的思想和行为。

试想，一个原始人刚走出洞口，突然发现前方有一只老虎。如果他没有任何反应，不恐惧（老虎会伤人），也不兴奋（我有猎物了），大脑中并没有“战或逃”的反应，你猜猜这个原始人的命运会如何？十有八九，会一命呜呼。

而正常的反应是什么？当看到前方有老虎，感受到了危险，他的大脑马上就会进入警报模式，调动全身各种能量，来应对这种局面。

他的身体开始分泌皮质醇和肾上腺素，心跳开始加速，血压升高，支气管扩张来吸取更多氧气，肝脏释放大量糖分给肌肉……战斗，打败老虎！或者，赶紧逃走！

只有当危险解除，他的大脑才会恢复到平时状态，也才能意识到，原来他跑进了一个特别美丽的山谷，心想下次要带家人一起来这里玩耍。

大脑进化到今天，功能已经非常复杂，但情绪的优先级并没有改变。对于普通人来说，“泰山崩于前而色不变”只是一种传说。

明白了这一点，你就会知道，为什么掌控情绪对学习如此重要。

因为大脑遇到任何形式的“威胁”，它都会生理性地调动所有精力、注意力，去优先处理这些威胁。这个时候，学习就成为次要的事。这些威胁包括你的负面情绪，被批评了、友情有裂痕了、比赛失利了、违背承诺了……所导致的伤心、难过、不甘、懊恼等；还包括过于兴奋等情绪；还有对于学习本身，你的畏难情绪、缺乏自信，一翻开课本就开始慌张，一拿到试卷就紧张到手脚发凉……这些情绪都会从根本上削弱你的学习力，降低你的学习效率。

所以，为什么我们说平常心很重要？是因为当你的大脑处于平和、安全、快乐和满足等积极情绪中时，你的能量、你的注意力都能够更加集中在学习上。

如果不了解大脑的这个特点，没能觉察到情绪的变化，不能及时掌控情绪，就会容易陷入学习“事倍功半”的低效境地。

影响学习的第二大因素，是我们的自我管理能力。

这包括我们管理体力和精力的能力、管理注意力的能力、管理学习任务的能力等。

很多时候，我们会有一种错觉，认为大脑是不用休息的——今天做不完的事，熬夜把它搞完就行了；积攒了许多假期作业，最后几天突击突击就行了；临近考试，拿出一周来复习就够了……

真的是这样吗？

显然并不是。这不仅不是大脑高效的表现，还易造成大脑的过载使用。试想，假期你制订了每天 3000 米的跑步计划，你会留到最后几天，一次性、冲刺式地把它跑完吗？

肯定不会！但为什么大脑同样是身体器官，而且起着主管你的思考、行为等极为重大的作用，你竟然会这样来使用它？

早在百余年前，弗洛伊德就提出，我们的心智活动是要耗费能量的。近年来，美国著名社会心理学家罗伊·鲍迈斯特教授的研究，让人们对于心理能量有了更深刻的认识。

他认为，我们的心灵是一个有限的能量系统，我们在做思考、决策等行为时，都在使用这个能量系统，就像开车要消耗汽油一样，这个能量系统里的能量，也会随着大脑的活动而不断消耗。从生理角度看，我们的大脑活动要消耗氧气，要使用糖分、氨基酸，要使用各种微量元素，而这些并不是无限提供的资源，需要我们有充足的睡眠和饮食等。

所以，大脑并不是可以无限制使用的，而且大脑也不是任何时刻都高效，比如大多数人的脑子早晨就比下午清醒。

基于大脑这个特点，我们很容易得出以下两个结论。

第一，我们想要保持脑力充沛，就要该休息时休息，该吃饭时吃饭，绝不能让脑力成为无源之水。比如熬夜学习，喝咖啡提神，都是对脑力的透支，是不可取的。

第二，在脑力最充沛时学习，效率才会最高。比如对大多数人来说，上午学习的效率要比晚上高出许多，那么就要避免拖到晚上再学习。

而做到这两点，需要的就是自我管理能力。像我的学霸舍友 Joe，他就属于自我管理能力超强的人，他就是用时间管理和目标管理来安排自己的学习活动。

所以，当我们谈到学习力时，必须要把自我管理能力列为组成要素。这不仅包括良好的生活习惯，比如充足睡眠、合理饮食，还包括对我们身心活动规律的认识。

比如，人的注意力资源相当有限，很难同时把注意力放在几件不同的事情上，就像你很难一边心算 45×27 等于多少，一边快速走路。这就提醒我们，在学习时要减少大脑同时处理的事情，包括视野里出现的和学习无关的东西，耳朵里出现的干扰学习的声音（比如流行歌曲）。

再比如，人一天的精力是有起伏的，并非所有时间都能保证高质量的精力，所以，你可以用一些方法来测量出自己一天的精力曲线（本书后面会讲到方法），然后在精力旺盛的时候集中时间学习，在精力不足的时候做和学习不相干的事，会大大提高你的学习效率。

还有我们常说的二八原则，在一天之中，可能有 80% 的时间都用在乱七八糟的事情上，看似忙碌，实则和学习无关，却耗费了大量的注意力和精力。因此，如何提高对日常事务的管理能力，列出优先顺序，有序开展一天的学习生活，也是提高学习能力的重要课题。

特别是当你进入学业的过渡期，即从小学升入初中，初中升入高中，都会面临课业突然增多、学习时间改变、生活方式改变等新情况，这个时候，你是否已经有良好的自我管理能力，是否有好的学习习惯和生活习惯，会成为影响你快速融入新的环境、保持好的学习状态的关键因素。

影响学习的第三个因素，是学习方法。

当你能够掌控自己的情绪，拥有平和、积极的心态，并且管理好自己的精力、注意力、时间等的时候，我们才可以讨论学习方法。

学习方法的重要性，毋庸多言。我们从刚上学开始，或多或少都从老师那儿听到过一些学习方法。比如，提前预习，按时复习，大声朗读，整理错题本，等等。还可能时不时请一些学霸来分享学习方法。但你有没有想过，这些方法，哪些是有效的，哪些是无效的呢？

真有较真的心理学家，对此进行了研究。2013 年，美国肯特州立大学的心理学教授唐洛斯基和他的同事，做了大量关于学习方法的分析研究，发现我们通常以为很高效、常常使用的学习方法，其实是非常低效的。

其中排倒数的，有用下画线画重点、反复阅读、做重点的汇总等。你一定很惊讶吧？为什么这些方法看似高效，实则低效呢？因为这些方法都犯了“熟练度错觉”的错误，而这也和大脑的记忆方式有关。

学会一样东西，绝不是把有关它的信息储存进大脑中，就算完成了学习的过程。恰恰相反，真正有效的学习，是让你能够把储存进大脑的信息提取出来。

比如，有些时候，我们明明觉得很熟悉课本内容了，一拿起它，翻到某一页，我们就知道这一页写了什么，甚至知道哪些地方画了重点，哪些地方做了笔记，但当考到这一页的内容时，往往却答不出来，或答得不够满意，这就是对信息的提取能力出了问题。

在本书中，我也将围绕“信息提取能力”做详细的介绍，这或许会和你之前读到的学习方法书不大一样。至于为什么信息提取能力这么重要，甚至可以称之为学习方法的核心，我将会在之后的篇章里进行解释。

到这里，我介绍了影响学习的三大要素：情绪掌控能力、自我管理能力和学习方法。学习绝不是某些学习方法的累加，而是各种学习能力的有机组合。如果我们把学习能力分层排列，那么最底下，也是最根本的，是我们掌控情绪的能力，再往上一层是自我管理能力，而学习方法处于顶层。

在平时的学习生活中，我们最常看到的是学习方法，最容易模仿的也是学习方法，而忽略了自我管理能力和情绪掌控能力。冰山理论告诉我们，我们看到的、浮在水面的部分，只是冰山很小的一部分，而更大的部分却藏在水面之下，不为人所见。学习也是如此，所以，有时候看到一些学霸，我们会觉得

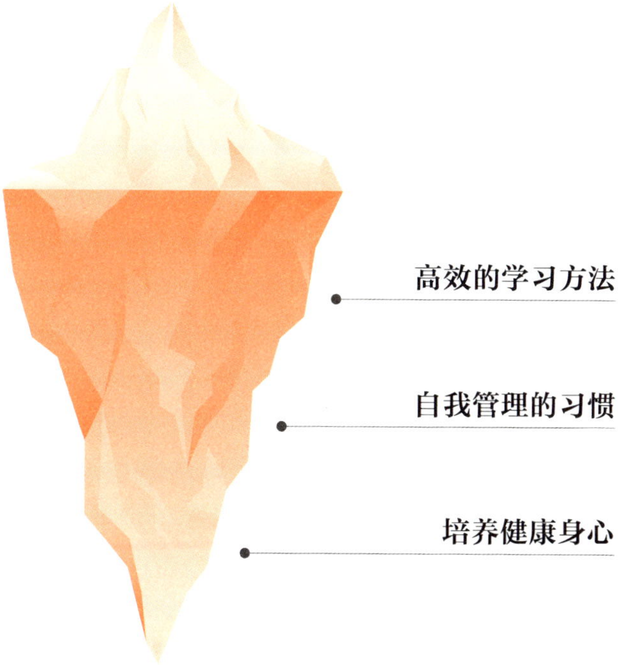

“新学霸冰山理论”

他一定有过人的智商，或者他一定花了更多时间来学习，或者他有一些与众不同的学习技巧。

但当你去模仿、复制他的学习方式，他学习你也学习，他休息你也休息，他刷题你也刷题时，你会发现，这些方法并不是那么管用。原因往往在于，你只看到了学习方法，而这些方法下面的基石，那些根本性的东西你没有看到。适合一个人的学习方法，未必适用于另一个人，原因也就在于此。

但我认为，一个未来世界的学霸，先要掌握高效的学习方法，再培养自我管理的习惯，并且让这些都建立在一个身心健康的基础上，这就是我的“新学霸冰山理论”。

在这本书中，我的目标就是除了向你讲解好用的学习方法，还要帮你把水面之下那个巨大的、根本性的东西找出来，让你把学习的三要素结合起来，变成一种系统的能力，一个可以有效运行的模型。

另外，通过这本书，我也希望你拥有一种更积极开放的心态，保持学习的好奇心。就像当我们看到成绩好的同学，不要第一反应就是他一定很聪明，或者他一定牺牲了很多睡眠时间，而要看到他的“学习系统”的合理之处：他有哪些方法用对了？他为什么能坚持用这些方法？他的生活习惯和学习习惯，有哪些是我可以借鉴的？

当你有这样一种心态，善于观察别人的长处，不断优化自己的学习系统，我相信你不仅能在学业上更进一步，还能拥有一个好的生活习惯，有健康的身体和良好的心态，而这能帮助你在学业上走得更远，变得更优秀。

第2章 超强记忆力

绝不是记在脑子里这么简单

在哈佛读书时，我最怕上一大早的课。对于常熬夜的我来说，早上 8 点去听课，就是在跟自己的生物钟作对。

但有一堂课我从来不缺席，即便是安排在早晨的第一节也是如此。为什么呢？

老实讲，能让我在那堂课保持清醒的原因，是一位女同学。

还记得她第一次走进教室时，栗色的秀发，明亮的双眼，真的是气质非凡。她经过的时候，趴在桌上打瞌睡的男同学都纷纷坐了起来……而且，她竟然第一天就选了我旁边的座位。

但有一阵子，她接连好几堂课都没来。我不免有些失落：她去哪里了？她还好吗？

有一天，她来了。我看着她锁着眉头专心听课，疾速写着笔记，因为那门课的进度很快，缺席三堂课，有可能整个学期都跟不上。

那天下课时，我正在收拾东西，她竟然凑过来说："嗨，轩！"

"呃……嗨！"我结巴着说，"你好像前一阵子都没来上课。"

"是啊。之前我家里有点事，没办法来上课，现在真的觉得落后进度了。"

我马上掏出自己的笔记本说："没关系！笔记借你！"

她看着我，笑了一下："其实我是想……如果你不介意的话……下午下课后，我请你吃个饭，跟你请教一下，好吗？”

“好啊！呵呵！”我其实忘记当时是怎么回答的了，因为心脏怦怦狂跳，脑袋都昏了。我一定答应得超快。

后来想想，觉得她的邀请有点奇怪，我们大学住宿生都会缴一笔固定的伙食费，不管你去哪里吃都不用付钱，也没有什么“请吃饭”可言。

但是，既然她邀请我，我一定去。我想看看不想抄笔记的她，究竟有什么打算。

接下来的事情，我先卖个关子，等会儿再说。

记忆，帮助我们生存

谈到记忆，谁不想要有好的记忆力？不会忘记做作业，不会到处搞丢东西，或叫错人的名字，甚至连考试都能无往不利。

问题就是，我们的记忆力不差，但又好像差了那么一丁点儿。考试时，我们看到考卷上的问题，似曾相识，甚至还记得是在课本上的哪个位置，还记得图案长得什么样子，但偏偏最关键的地方，像打了马赛克一样。而且，即便我们花了很多时间准备，复习了几乎所有该复习的资料，也不能保证在考试时碰到那一题，就有办法立刻想出答案。那种明明知道自己学过，但又没有具体印象的感觉，实在令人发疯。

所以，我们该如何让自己练出“好记忆”，而且还是“能够在需要的时候派上用场”的记忆力呢？

首先，我们要了解记忆有什么用。

把一只小白鼠放进迷宫，让它去找奶酪。第一次，白鼠可能左边绕、右边探，走进了不少回死胡同又倒退出来，摸索了许久之后，才终于找到食物。

第二次再把这只白鼠放进同一个迷宫，它还是会东绕西绕，但找到奶酪的时间会比上次快一点儿。

第三次就更快了，而反复练习十次之后，只要迷宫和食物的位置不变，这只白鼠八成就能以飞快的速度，零失误地找到奶酪。

这靠的是什么呢？就是记忆。

不仅如此，我们的祖先也是凭着记忆，知道能在哪里摘到美味的果实，避开凶猛的野兽，并且找到回家的路。

大脑拥有记忆，就是在帮助我们生存。

问题来了。现在学校所教的知识，大部分和生存没有直接关系。我们考完试以后，就会把硬背的知识原封不动地还给老师，大脑也会很快消除它们。所以我们知道，在生活中“用不到”的知识会忘得非常快，而生死攸关的事你才会记得特别久。

那我们要怎样把这些记忆写入大脑，让它变得牢固、不易遗忘呢？我们要知道记忆是如何在脑中形成的。

记忆是如何在脑中形成的？

你也许有过这种经历：上课时，老师点名背诵课文，你突然发现自己忘了做背诵作业，紧张地祈祷老师不要点到你的名字。

但怕什么来什么，老师突然说："某某某，你来背诵下一段。"

你整个人被吓到，眼睛赶紧盯着那一段，拖拖拉拉地站起来，居然还能背出前面的两三句。

这就是短期记忆。短期记忆就像临时搁放记忆的地方，它能够让你快速记得一些事情，也会让你很快忘记。比如老师刚刚领读的课文，你从视频中看到的弹幕，路人从身边走过时的谈话声，这些都是短期记忆。

与短期记忆相对应的，叫长期记忆，这才是我们一般认为能记住东西的记忆，也就是我们要学习的重点——学会把信息

记忆形成三部曲

从短期记忆“搬到”长期记忆里。

当然，科学家还有各种不同的记忆分类，比如工作记忆、感官记忆、瞬时记忆等，我们这里主要讲学习中如何更好地记忆，就不做过多介绍了。

当我们想把信息记录到大脑记忆的时候，这个记录的行为有三个步骤：编码—存储—提取。

编码，就是要把我们听到、看到，以及各种感官接收到的信息，转换成可以储存在大脑里的信息。我们可以采用不同的编码方式：视觉、听觉，甚至利用触觉或讲故事的方法。这些信息被编码后，大脑就会对其进行“存档”，如此一来，大脑才能记住这些信息。

那大家可能会好奇，它是如何储存的呢？在我们的脑袋中，这些资料并不会一个个按照顺序排列，而是像打霰弹一样，打到了不同的地方，编写进不同的脑神经。

所以当我们需要重新想起一件事情时，所有的脑神经就必须试着从各个地方找出信息重组。这也是记忆里最重要的第三步——提取。那要如何做，才能让记忆储存得更长久，让短期记忆更容易成为长期记忆呢？

这就要了解大脑对于记忆的偏好。研究发现，大脑更喜欢用有画面的、讲故事的、组块的方式来记忆，如果这其中又有很多“联想点”，信息就更容易被记住。

脑力比拼

请看下面这些词语，请你设法在一分钟内把它们记在脑中，然后写在纸上。

准备好了吗？计时开始！

猴子	参考书	胶水
钥匙	印章	秃鹫
名片	显微镜	跳伞
狮子	长颈鹿	电脑
保险箱	国旗	奖杯

如果你能写出 15 个以上，说明你的记忆力超厉害。

10—15 个：算是蛮厉害的。

10 个以内：还算正常。

少于 7 个：那可能你身处非常嘈杂的环境，或没有很专心。

我第一次做这个练习时，连记住 10 个都有点困难，但只要换种方法，就能很轻松地记住所有词语。

1. 图像记忆法：把信息想象成画面，编成故事

猴子拿着一把钥匙，此时，一头狮子跑过来，递上名片，猴子就把钥匙交给狮子。狮子拿着这把钥匙，打开了一个保险箱。它取出了一本非常珍贵的参考书。翻开这本书，上面盖了一个红色的印章。为了确认这是否为真迹，狮子就找来它的伙伴长颈鹿，长颈鹿就用显微镜来细看这个印章。正当长颈鹿要走过来时，它的脖子被一面国旗缠住，偏偏国旗上面都是胶水，粘住了长颈鹿的毛，让它几乎没办法呼吸。此时它赶紧呼叫自己的朋友秃鹫，秃鹫就从天上跳伞下来，拯救它的朋友长颈鹿。后来这件事被其他动物拍了下来，大家在计算机上看到这个视频，认为秃鹫是英雄，就颁了一个奖杯给它。

下面请你回想一下这个故事，看看这次能记住几个。

我们的大脑偏好图像记忆，更偏好强烈的、有画面的故事，对于叙事的记忆特别强。在我们老祖先的时代，还没有文字记录的时候，人类的经验都是通过口述的故事传给下一代的。所以当你在记忆时，如果能形成画面，甚至加上强烈而浓艳的色彩，就更容易让大脑记住。

而对于两个本来毫无关系的事物，假如你能够给它们设定一个关系，或编个故事，就像猴子有钥匙，狮子拿名片，保险

箱里放了参考书，那么就更容易让大脑记住。

所以，假如你碰到很难记住的知识，可以试着将它们图像化，去编写一段属于你自己的故事。它可以非常无厘头、奇怪或是梦幻。这只比传统的记法多花一点儿时间，却能在幻想故事的过程中，大幅提升你的记忆力，甚至在考试或需要时派上用场。

2. 组块记忆法

在学习的过程中，常常碰到很多琐碎的东西需要记忆：英文单词、历史年代、人名、地名甚至繁多的数字。我们常看到同学们嘴里念念有词，不断复述，记了却马上就忘了，这该怎么办呢？

如果将大脑比喻成一台计算机，短期记忆就像是内存，它速度很快，但容量有限，比如 6 7 0 5 2 8 4 7 3 9 3 8 这一长串数字，你快速读几遍，然后复述，看看能记住几个呢？

研究人员发现，一般人能记住 7 ± 2 个数字。但如果你能把这串数字分组，改为6705，2847，3938，是不是就更好记忆了呢？

我相信，聪明的你说不定已经用过这个方法了，像我们平时记手机号码，也是这么记忆的。这其实就是大脑特别喜欢的组块化记忆。当我们能把 12 个数字分成 3 组，那么对于大脑来说，它的记忆容量不变，但记忆的难度大大降低了。

再比如，你碰到下面这 18 个英文字母：

A I C Z Y X I B F C B A G O D T A C

这要怎么记啊？看了就头痛。

但同样的字母，重新组合之后，应该很容易记了吧？

CAT DOG ABC FBI XYZ CIA

如果我们要更简化，还可以把它们组合成：

CAT DOG	ABC XYZ	FBI CIA
（猫、狗）	（英文字母头、尾）	（美国情报单位）

通过排列组合，将原本的数据整理成较简单的记忆单位，这个原理叫意元集组。例如，我们刚才就把原本 18 个毫无关系的英文字母（18 个记忆单位）浓缩成了 6 个单位，再进一步浓缩成 3 个单位。

我们在记单词时也常常用这种方法，比如菲律宾——Philippines，这个单词中有几个 i 或 p，相信不只是同学们，连我都常常混淆，那我们可以试着用组块的方式，将它拆开变成一组组的——

把 Philippines 变成 Phi-lip-pines。这三部分释义上没有什么关联，但个别的小组合容易记忆(lip 是嘴唇，pines 是一种树)，光是分成区块，就可以让这个单词好背许多。

我们再回想一下前面“脑力比拼”的那些词语，如果利用组块的方式，该如何进行记忆呢?

你可以试着将相同类别的放在一起。

四种非洲动物：猴子、狮子、长颈鹿、秃鹫。

三种去银行会需要的东西：钥匙、保险箱、印章。

五种书房用品：电脑、显微镜、参考书、胶水、名片。

跳伞跟奖杯，确实不好分类，我就将这两个放在一起，叫“为国争光”：跳伞人拿到了这个奖杯，为国争光。

经过整理，就会出现下列清单。当然，你可以设计自己的分类法。

为国争光 3	银行 3	非洲动物 4	书房物品 5
· 跳伞	· 印章	· 猴子	· 名片
· 奖杯	· 钥匙	· 狮子	· 胶水
· 国旗	· 保险柜	· 长颈鹿	· 参考书
		· 秃鹫	· 显微镜
			· 电脑

将清单完全重组，我们的大脑所记得的就会是一个个类别，而每个类别里又有一个数字，能够提示你：非洲动物的类别里有四种。有哪些呢？长颈鹿、狮子、猴子，还有一个是什么呢？总共有四种啊。“啊！是秃鹫！”如此一来，就能顺利想起要记忆的内容。

3. 使用缩略词和口诀

碰到一连串的信息，我们可以试图把它们串联成一个词或一句好记的话。

例如：战国末期，秦国蚕食鲸吞了六国，最后一统天下，建立了秦朝。秦国灭六国的顺序是：韩国、赵国、魏国、楚国、燕国、齐国。

如果你要死记硬背，实在很痛苦！

但某位有幽默感的历史老师，把“韩、赵、魏、楚、燕、齐”变成了一句谐音口诀：“含着委屈咽气！”

你只要记住这一句话，就再也不会忘记秦灭六国的顺序了！

再举个例子，心理学研究中，人的性格特质可以大致分为五种，俗称大五人格理论：

开放性（Openness）

尽责性（Conscientiousness）

外向性（Extroversion）

亲和性（Agreeableness）

神经质（Neuroticism）

这实在很难记啊！但如果你看每个词的第一个英文字母，刚好可以组成 OCEAN（海洋）。只要记得这一个词，就可以提示出每一个对应的单词了。

缩略词和口诀，属于同一个概念：把原本复杂的信息，浓缩成一个比较简单、容易记住的字或句子。即便你不是每次都能成功地整理出谐音口诀或缩略词，但光是试图这么做，你也就已经会加深自己的记忆了。

4. 在家里走一遍：联想出好记忆

我们的记忆在大脑里是以联想的方式存储的，所以我们可以利用这个特点，来记住更多东西。

世界上的许多记忆高手，都会用一个"**记忆宫殿**"的技巧：把想要记住的东西，与一个自己已经很熟悉的空间联想在一起。举例来说，如果你想要记住那个"跑车、耳机、猎豹……"的清单，你可以想象回到家里一打开大门，在玄关里停了一辆跑车，想象在鞋柜上有一副耳机，然后走进客厅，看见沙发上躺了一只猎豹，电视上在播放蝙蝠侠……

这样一路逛自己家里，把你要记住的东西用想象力置入每一个角落，日后回想时，再想象自己走同样的路线，沿途把每个东西再捡起来，就可以记住更多了。

5.“点线面”记忆法

以上的例子，都是简单的记忆方法，所需要记住的也都是相对孤立的信息。不过，我们在学校学习的知识都不是孤立的，是存在于一个大的教学体系中的，数量很多，又相互关联。那么，要如何把这些知识分门别类地列入我们的知识体系呢？

答案是，学会联想。在知识点之间建立联系，你只要能从一个知识点连接到另一个知识点，延伸出去，就能带出整个知识体系。我把这种记忆方法称为“点线面”记忆法。

比如，南美洲的亚马孙盆地，是全球最大、物种最多的热带雨林。这是一个知识点，从这个知识点出发，我们进而联想到，因为这些气候特点，它有哪些代表性的、著名的物种？因为它面积超大，使得它横跨了哪些国家？它物种最多，那么最著名的物种有哪些？这就是从“知识点”延伸出了一条条“知识线”。

我们接着联想，这些气候特点、物种特点，使得这些国家的国民经济以哪些为支柱，其文化、民俗有哪些独特的风貌？亚马孙雨林遭到滥砍滥伐，会对全球的气候产生什么样的影响？……这就从知识点铺开，变成了知识面。

而到了这一步，就是整个知识体系的呈现了。当你能够从一个知识点拉出整个知识体系，这在你的记忆中，就很难再被忘掉。

尤其当你进入高中或大学，你会发现面临的不再只是单纯的选择题或是非判断题；测验的内容不再是纯粹而单一的记忆点，而是测验你思考问题的脉络。此刻，不是硬背就能解决问题，而是越发需要你活学活用。

艾宾浩斯遗忘曲线

前面我们说，大脑记录信息有三个步骤，编码和存档都是往大脑里“装”东西，提取是把信息从大脑里提取出来，比如把课文一字不落地背出来。但为什么提取也是“记录信息”的一部分呢？

这要从记忆的遗忘现象谈起。遗忘是学习中最常见的现象，我们都经历过付出很多时间学习，但到了考场上却头脑空空的状况。

在一百多年以前，德国心理学家艾宾浩斯想用科学的方法来研究人的遗忘规律。到底我们记住一件东西后，会在多长时间后忘记呢？

他创造了一套由各种音节组成的、没有真实含义的符号，数量有 2000 多个，然后他开始背诵这些符号，刻意在不同时间之后检查自己还能记住多少。

在经过长时间、大量的记录之后，他发现遗忘的比例似乎有个规律：学习一小时后，大约会忘记 50% 的信息；一天之后，大约会忘记 70%，剩下的 30% 被忘记的速度则较慢。他发现记忆保持的比例是随着时间拉长，呈现曲线式下降，借此绘出了著名的“艾宾浩斯遗忘曲线”。

它也成了后来的心理学家研究“学习”和“遗忘”最重要的工具之一。

艾宾浩斯还发现一个特点：只要学习后定期复习，同一批信息就会被忘得越来越慢。换句话来说，它们所呈现的遗忘曲线就会越来越平。当我们忘得较慢时，复习的时间间隔也可以拉长，甚至一两个月再复习一次，也可以记住大部分知识。

在遗忘发生之前，再去记忆一下，能够减缓遗忘，记得更久。

你可以参考这个时间的间隔，来做复习计划——

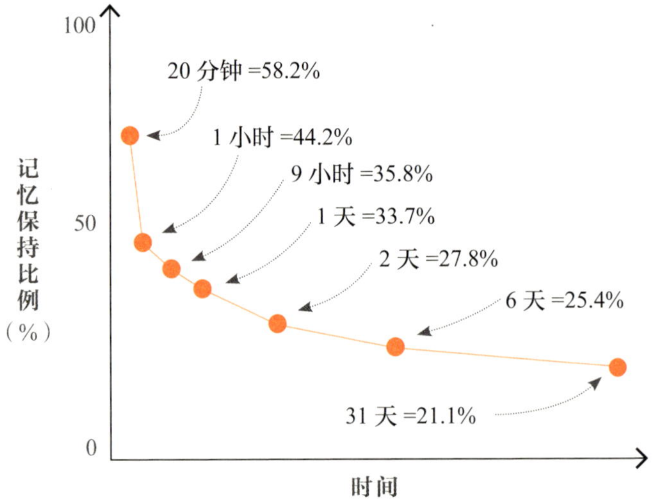

艾宾浩斯遗忘曲线

学习当天：第一次复习

学习隔天：第二次复习

三天后：第三次复习

一周后：第四次复习

两周后：第五次复习

一个月后：第六次复习

对抗遗忘曲线的方式：间隔式提取

间隔式复习也很讲究方法，最有效的方法，就是间隔式提取。区别在哪里呢？

如果你只是把笔记和课文再拿出来看一遍，那是比较被动的复习方式。但提取，则是在不看笔记和课文的情况下，试图先主动回忆。如果印象模糊，先努力想一想。实在想不起来，再翻看。

教育家发现，当我们试图提取一段记忆时，提取的过程本身就会使大脑更加用力，而这有助于我们记忆，就像举重会让肌肉更强壮一样。

当我们从遗忘的边缘把一个回忆努力追回来的时候，那个过程也会让我们更难忘记它。而通过自我检测，定期做间隔式提取，是我认为最有效的记忆方法之一。

如何用闪卡背大量英文单词

许多人学英文，最怕的就是背英文单词。现在我就运用间隔式提取的技巧，以闪卡为工具，教你如何背大量的英文单词，而且记得越来越深刻。

我们先拿一沓卡片，每张写一个英文单词，反面写上单词的意思。准备四个盒子，分别标上“一天”“三天”“一周”“两周”。

首先，我们把所有的卡片都放在“一天”的盒子里。一张张抽出来，看正面的单词，回想一下意思。

如果你答对了，就把卡片放到“三天”的盒子里。如果你想不起来或是答错了，就把卡片放回“一天”的盒子里。

每天都花点时间，从“一天”盒子里抽出几张卡片，考考自己。答对的就放到“三天”的盒子，答错或忘记的放回“一天”的盒子。

每隔三天，也请抽出“三天”盒子里的卡片，考考自己。答对的就可以移到“一周”的盒子。答错或忘记的，则移回“一天”的盒子。

只要你按照盒子上的间隔复习，你会逐渐把“一天”的卡片都移到“三天”，从“三天”到“一周”，从“一周”到“两周”……

当你把卡片都移到“两周”的盒子里之后，这些单词记忆得就相当牢固了。这个方法好像很费时，但其实是相当有效的。你也可以用同样的方法背成语，或任何复杂的专有名词。

有趣的记忆测试

20 世纪初，有位伦敦的研究员巴拉德做了个记忆测试，他让一些成绩不太好的孩子学习一首诗歌，想看看到底是什么原因让这些孩子学不好。

结果他有了一些出乎意料的发现。为了检查记忆的效果，他让这些孩子在学习 5 分钟之后，进行了一次考试。结果很正常，有些记住了，有些忘掉了。

为了记录学习效果，两天之后，他又把孩子们召集在一起进行了一次考试。假如按照艾宾浩斯遗忘曲线，孩子们应该忘记更多才对，但结果却是，孩子们的成绩却平均提高了 10%。

几天后，又进行了一次考试，有几个孩子的成绩大涨，第一次考试中忘掉的东西，居然神奇地补了回来，原本只记住了几行诗歌的孩子，竟然会回想起十几行。这是怎么回事呢？

当时，这个实验并没有被主流心理学界重视，直到 20 世纪中叶之后，才有研究者开始重新做这类实验。他们发现，艾宾浩斯和巴拉德的实验，都是正确的。对于这个结果，你是不是很诧异？

他们揭示的其实是大脑记忆的不同现象。像艾宾浩斯所创造的那些没有真实意义的符号，或者是随机的数字、单词等，在记忆时，确实会随着时间的延长而遗忘更多。

但如果是带画面的、带故事的乃至声光色俱全的学习材料，就会出现越往后回忆起来的越多（往往有个高峰），然后再呈现出下降的曲线。

研究者们进一步发现，巴拉德实验中还有关键的一步，是他用考试的方式来检查孩子们的学习效果，这种对记忆的“提取”，让孩子们的记忆得以进一步深化。

于是，顺着艾宾浩斯和巴拉德开辟的两条路，今天的研究者们揭示了迄今为止最有洞见，也被广为接受的学习规律，被称为**学习的必要难度理论**。

这一理论认为，任何记忆都可以分为两部分：储存能力和提取能力。储存能力就是把信息储存进大脑的能力，而提取能力就是把信息重新回忆起来的能力。

有趣的地方在于，这两种能力是成负相关的。就是说，当你储存时越轻松、越不费力气，你提取时就越困难；当你储存时有一点儿难度，那么提取出来就相对容易。

比如，要学习一个数学定理，你在课本上画了很多重点，也反复阅读了很多遍，甚至看到这句话就知道下句是什么，但在考试中要求默写时，你会发现自己对这个定理似乎也没那么熟悉。

再比如有的同学喜欢做笔记，把老师课堂上讲的都记下来，一堂课能满满当当记半本笔记本。但如果课后你向他提问，他未必能讲出多少。

我们通常说这种学习是“不过脑子”，所以看似勤奋，其实效果并没有想象中那么好。因为这些“储存”对大脑来说都不费力，所以“提取”时就很费力。

这也是前面我们提到研究者发现很多通常以为高效的学习方法，比如画下画线、反复阅读等，会让你认为很熟悉了，实际上并没有真正理解，也没有掌握，因为大脑并没有付出太多的脑力。这被称为“熟练度错觉”。

给学习加一点儿“必要的难度”

想让学习的效果更好，让记忆的效果更好，就要给学习加一点儿“必要的难度”。

1. 在时间上加一点儿难度

如果以往你习惯于考试前集中学习，习惯于学习了一两次就束之高阁，习惯于学了后面就不复习前面，那么，根据艾宾浩斯遗忘曲线，你在学过一段时间之后，肯定就忘得差不多了。

所以，请把你的学习分配到不同的时间里，采用间隔式学习。如果你要复习功课，原本要熬夜突击，不如分为几天来完成，并且每一次复习，都把上一次的再快速回顾一遍。

这可能会让你觉得不耐烦，甚至有些抵触心理，但请相信，这样的学习效果真的会好太多。

2. 生成的难度

这指的是你用自己的语言、思维等，重新整理所学到的知识而造成的难度。

比如，你想要记课堂笔记，但不要在课堂上现听现记，等到下了课，甚至隔两三个小时，再来回忆、整理你的笔记，如果有想不起来的，再找同学或老师补齐，这也会大大提高你对当堂课程的掌握程度。

你也可以通过教别人的方式来学习，如果教的过程中卡住了，就说明这个地方你没有掌握。直到你能用自己的话把知识讲清楚，让别人能理解，这就说明这条知识已经进入你的知识体系里了，且不易忘记。

3. 交叉学习

把不同学科的知识，或者同一学科不同单元的知识，交替着学习。比如学科 A 学习 45 分钟后，学科 B 学习 45 分钟，再学习学科 C45 分钟，这比一直学习学科 A 的效果要好很多。

除了切换学科所造成的时间间隔外，蔡格尼克记忆效应（我在后面会专门讲到它）告诉我们，尚未完成的学习任务，会比已处理完毕的更令人印象深刻，所以交替学习也会带来增强记忆的额外效果。

4. 提取测试

就是通过检测的方式，看自己能否把知识点回忆起来。这也是我认为最重要的记忆储存方法。

或许你会问：这明明是考试，是记忆的“提取”环节，为什么说这也是储存呢？因为研究发现，当你在提取记忆时，并非像把苹果从篮子里取出那样，苹果是苹果，篮子是篮子，而是你的提取行为、苹果、篮子形成了一个新的记忆回路。

于是，你的每一次提取，就像是在泥地里多走一次路，走着走着，那条路就会形成一个凹槽。若许久不走的话，就会杂草丛生，再下一场大雨，原本的痕迹就没了。

更有趣的是，你大脑中那些很难提取的信息，比如考试时忘记的知识点，很久都回想不起来的密码，如果你花了好一阵时间终于把它们搞明白、重新记忆，那么这些曾经被忘掉的东西，会变得异常难忘。

所以，你也就明白了为什么老师通常会要求建立**错题本**，除了能找到学习中的盲点，也能通过纠正错误、重新记忆的方式，让你这部分的知识掌握得更加牢固。

另外，考试也是非常好的“提取测试”。虽然一提到考试，绝大多数同学都感到头疼，因为要复习，要比成绩，甚至有面对家长的压力，但是从掌握知识的角度来说，考试使你不得不复习之前的内容，不得不搜肠刮肚地从记忆里寻找知识点，这恰恰是增强你长期记忆的重要方式。还有平常的各种小测试、背诵课文，都是同样的道理。

当然了，我很理解你面对测试时的心情，不过，现在你了解了学习的“必要难度理论”，不妨把这些测试都看成是“记忆的提取训练”，它们都是在训练你不断把信息提取出来，加强对知识的掌握度。

如果你对自己的学习有一定要求，不妨在老师组织的考试之外，也给自己安排一些“记忆提取训练”，定期做一些题目，给同学讲讲课本（如果没有同学配合，给小猫小狗、花花草草讲也可以），可以自己编写课本的小讲义等，这些都是加强学习、增进记忆的绝佳方式。

现在，让我们回到一开始提到的故事。还记得吗？那个非常漂亮的女生邀请我一起吃晚饭，我抱着好奇又忐忑的心情赴约了。

坐在餐厅里，她翩然而至，我急急忙忙地打开自己的书包，把笔记本奉上。她瞅了一眼，露出浅浅的微笑说：“笔记先还给你，不急，我们先吃饭吧！”

她一边喝着汤，一边看着我说：“轩！你可不可以把上次教授所讲的课讲给我听？”

让我当老师吗？我当时愣了两秒才回过神来：“OK，我试试看！”

我打开笔记，回想起当时老师讲述的课程内容，开始一一讲解，她也很专心地聆听。

有时说到一半，她会打断我，问：“这里是为什么？我刚才没有听懂。”

通常她说不懂的地方，也是我自己的逻辑不够清楚或讲得不够通顺之处，这时我会看看自己的笔记，再用新的方式诠释。

每当我讲完一段，她也会将我刚刚所说的内容，用她自己的方式再讲述一遍。

有时实在讲不清楚的内容，我就会从课本中好好研究其中的原理。

在那一顿饭中，我跟她分享了过去这三堂课的学习内容。我那个疑惑一直都在：“她为什么选择不看笔记？是因为不喜欢，还是有什么原因？”

但当我试着去讲解时，我发现自己对整个课程的架构有了更多的理解。而她问我问题的时候，也帮助我发现了自己竟然还有些没搞懂的地方，也让我能找出并补足那些内容。

最奇妙的是，后来那堂课的期中考试，我居然考得特别轻松，成绩也特别好。她也考得特别好！我们彼此击掌，很开心都能考出好成绩。

后来我知道了，这对我来说，其实是一次很好的“提取测试”。

当我能够不断地去提取脑中的知识，而不只是用力地将它们储存入脑中，提取的次数越多，我就记得越牢固。

所以，假如有一天，有同学想找你问问题，或者补习功课，你不要觉得是浪费时间。不妨大方地接受，由他来不断发问。当你试着讲解给别人听时，也能够帮助自己提取并厘清知识，帮助自己增强记忆。

如果你像故事里的同学一样，在课堂上缺席了，你也可以找一个同学来讲给你听。你还可以非常明确地跟他说：“我请你吃饭，你讲给我听，这也会帮助你提取记忆。我们双赢。”

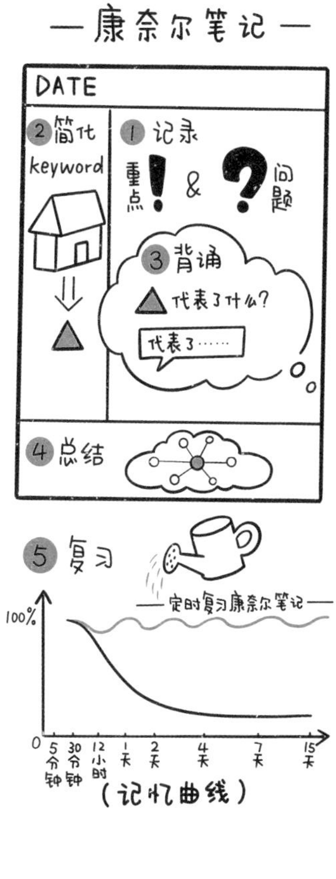

超强笔记法

绝大多数人都在错误地记笔记

第3章

在读大学期间，我有机会做一些公开演讲。我父亲是一位作家、演讲家，他为了训练我的公开演讲能力，有时也会带我上台。

后来我也写了几本书，每次新书上市，都要做一些宣传，有时候是在书店，有时候是在高中、大学，另外还有一些公益演讲，直到现在。

我发现，人们听演讲的方式发生了一些变化。最开始的时候，就是演讲者在台上讲，观众在台下听，用纸质本子记录。后来，相机开始出现在演讲现场，还有笔记本电脑，记录的方式变得数码化。再后来，手机、录音笔出现了，我常常看到有观众会直接录像或录音，连敲字的动作都省略了（主办方为了保护版权，一般是不允许全程录影音的，但也会有例外）。

有次我好奇，就在演讲结束后，问一位拿着录音笔的小伙子："你把演讲录下来，是打算回去再听一遍吗？"

他说："是啊，有很多精彩的地方，想要记录下来，再想听的时候就打开听。"

我又问："那之前你一定录过很多场了，回听的有多少次呢？"

他有点尴尬地说："好像也没回听几次。"

用数码设备录下来，很容易，也很全面，但录下来之后，大概率就是束之高阁了。

记笔记的误区

在大学课堂里，为了不漏掉教授讲的内容，也有不少同学会全程录音，回去再整理。我还听不止一个人说过，大学里有那种“人肉打字机”式的同学，能把当堂课老师讲的99%的内容，全部实时记录下来。

只是，这种记笔记的方式，从学习方法的角度来看，效率实在太低了。

第一，无论是用电脑打字还是手写，都没有办法和老师讲课的语速相比，所以，这种全程记录笔记的行为，肯定无法伴随着对课程内容的理解和掌握。于是，你只是把知识从老师的大脑中、课本中，转移到了你的笔记本里，知识并没有进入你的大脑。这是对上课时间的低效使用。

第二，当你把所有内容都整理到笔记里，是否意味着，你还要另找时间，再去从头到尾学一遍笔记呢？是否意味着，别人用一个小时学习，你需要先花一个小时做笔记，再花一个小时自学？是不是更浪费时间？

第三，这种记笔记的方式，会让人有一种错觉，即我已经把所有内容都记录下来了，所以，我就掌握了所有的内容（熟练性错觉）;或者，即使我没有掌握，等考试前，我就翻开笔记，也能够滴水不漏地复习到老师讲过的所有内容。显而易见，这种方式不仅浪费了时间，还忽略了遗忘曲线的威力。不知你最后要熬多少夜，才能渡过考试的难关。

把老师讲过的内容一字不差地记录下来，这当然是一种极端方式，我相信大部分同学都不会这么做，但有些记笔记的误区，却是屡见不鲜的。

比如，跟着老师讲课的一二三四五，在笔记上也是一二三四五，流水账一样，老师讲什么，自己就记什么，过分看重记录的完整性,忽视了当堂的思考和理解。还有,只管记录，笔记密密麻麻，却很少回头去翻看，对课堂内容的理解，长时间停留在记笔记的那一刻，也就谈不上有什么深度理解和知识结构的建立。不知道哪些值得记，哪些不用记，只好照抄老师的板书，当回头再看时，也不知道重点是什么，更像是替老师做了一份笔记。还有一些同学，很注重笔记的美观程度，像做手账一样，结果听课过程中不专注，还要分神去设计笔记的样式，漏掉很多值得记录的内容。

随着我们的工具越来越先进，记录其实越来越简单，一个手机就能替你做完 99% 的工作，如果再加上一些语音自动转文字的小工具，你甚至连整理文字的工作都省掉了 99%。

但是，便利的工具，是否让学习效率也提升了 99% 呢?

如果你问任何一个同学,恐怕都不会得到肯定的答案。为什么?因为学习不是记在电脑里，不是记在笔记本里，而是要装到你的大脑里，当你需要它的时候，能够轻松地提取出来使用。

所以，记笔记是学习的一个中间环节，它是为了方便你掌握知识、储存知识、提取知识，而不是把知识搁在那儿，直到临近考试才让它重见天日。

如何科学地做笔记?

通常来说，做笔记有下面四个阶段。

记笔记，就是通常我们所说的记笔记，而大多数人就停留在这第一步，认为这就是记笔记的意义所在。

整理笔记，是对笔记进一步补充和完善的过程，将笔记中简要记录的、遗漏的、未解决乃至突发灵感的部分，进行再一次整理和编辑。在这一步，你所记录的内容，就不仅仅是在纸上了，而是经由你的思考，进入你的大脑储存起来。

分析笔记，是对笔记中知识点的思考：它的价值是什么?遵循了什么原理?和其他知识点的关系是什么?我可以怎么应

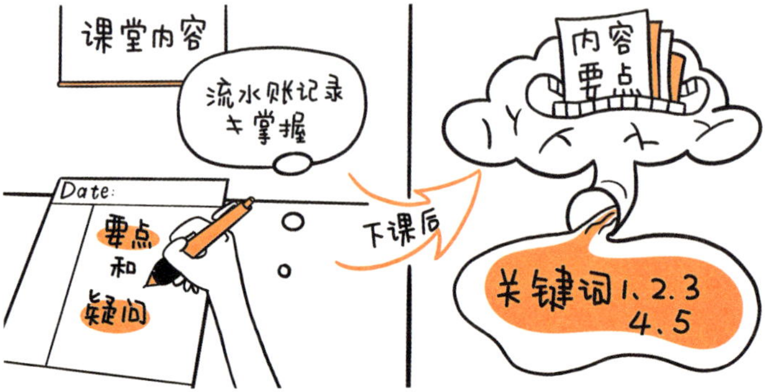

用它？……通过这一步，让笔记中的知识点，在你的知识网络中找到自己的位置，进一步储存。

最后，复习笔记，则是随着学习的推进，你回过头来不断复习它，不仅对抗了遗忘曲线，还可以将后面的知识点和前面的知识点进一步连接，让你的知识体系更加全面和牢固。

完成了这四个阶段，才可以说发挥了记笔记的作用。

在这里，我要向你推荐一种记笔记的方法——康奈尔笔记法。它不仅遵循了上述四个阶段的原理，还充分体现了脑科学、教育学、心理学关于学习和记忆的研究成果，也是美国常春藤名校中非常流行的一种笔记方法。

康奈尔笔记法是由康奈尔大学的教育学教授沃尔特·鲍克在 20 世纪 40 年代发明的，一开始是为了帮助大学生更好地学习，提高效率。尤其是“藤校”的学生，学习量巨大，就像我在哈佛大学时，一学期的必读书目就摞得那么高，所以，必须有一种高效的笔记方法，帮助大家在有限的时间里更好地掌握知识（应对考试也很重要）。

后来，越来越多的研究者发现它确实非常符合学习规律，于是从大学到职场，再到中小学，越来越多人开始采用这一笔记方法。包括我自己在内，也是这一笔记法的受益者。

所以现在，我把这一方法详细讲解给你。

康奈尔笔记法又称为 5R 笔记法，它在使用时有五个步骤，分别是——

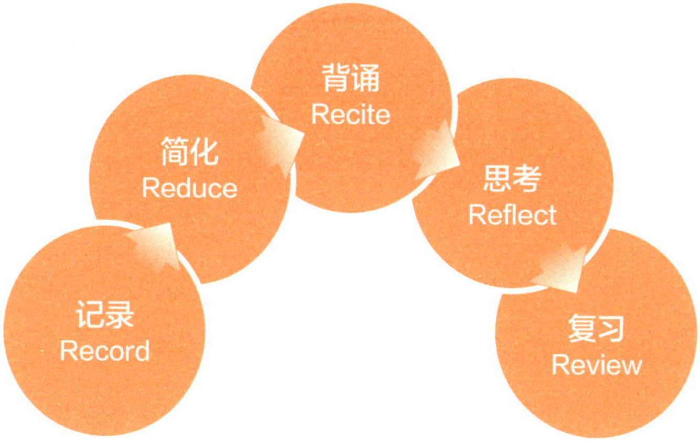

这就是当你接触新的知识，从 0 开始需要完成的五个步骤，同时它也是随着时间而完成的五个步骤。而从具体的记录形式上，康奈尔笔记法也和一般笔记不一样。它把一页纸分为四个区域，即主题区、笔记区、提问区和总结区。

康奈尔笔记法

提问:	笔记:
● 谁发明的?	康奈尔大学教育学教授沃尔特·鲍克发明
● 好处是?	好处：提高学习效率、容易复习
● 几个区块?	特点：四个区块
	1. 定主题
	2. 笔记区
	√句子简单扼要、行距大
	√条列呈现
● 句子怎么记?	√可画图
	3. 提问区
	写完 2 后，按照内容，在左侧写下对应的问题，好像要考自己
	4. 总结区
	用几句话总结这一页的笔记
● 如何用来复习?	复习时：
	（1）遮住笔记区
	（2）回答问题
	（3）思考重点之间的关系

总结：

用简单句子或图记笔记后，以自我提问来复习，并做出总结。

最上方是主题区，写下本页笔记的主题，也可以写下日期、地点等其他重要信息。

最大的区域是笔记区，也就是通常我们所说的记笔记的地方。

左上侧为提问区，也称为简化区，写完笔记后，在左侧整理出对应的问题，就像你要考自己一样。

下方为总结区，即进一步总结从这页笔记上你学到了什么，能用在何处，和其他知识点的关系，自己的延伸思考，等等。

可以说，从空间上，我们需要这样排列学习的整个过程，而从时间上，我们又遵循了五个步骤，两者交叉起来，构成了康奈尔笔记法。

康奈尔笔记法的五个步骤

第一，记录。

不需要把老师讲的每个细节、黑板上的每句话都记下来，你应该记录的是当堂课的内容要点和你有疑问的地方。

与其说你在被动地听课做笔记，不妨理解为：是你的思维和老师所讲的内容之间的碰撞，你在主动理解、思考时，将认为比较重要的地方，和你当时无法理解、有疑问的地方记在笔记上，以便于课后进一步学习。

从这个角度出发，你的笔记应该是经过你主动思考、筛选后的各个重点，没必要重复记录书上已有的内容。这需要以预习为前提，你才能知道老师讲的内容中，哪些是书上有的，哪些是书上没有的。

因为你要认真听课，同时做笔记，这意味着有一点儿分心，所以你要尽量用精简的短句、符号来记录那些重点。

第二，简化。

在听完课，做完笔记后，就要根据笔记的内容，在左侧提炼出对应的问题。

这个步骤一般在下课后就要完成，因为从遗忘规律来说，20 分钟后，人的记忆保持率只有 58.2%，1 小时后，就只剩下 44.2% 了。所以，和你记笔记的时间间隔越短，进行笔记简化的价值就越高，这相当于你的第一次记忆。

那么，如何来提炼呢？举例来说，如果你把本章当作一堂课，在右侧笔记的部分，写下了“高效笔记法”的四个步骤，那你在左侧的相对位置，就可以写：“高效笔记法的四个步骤是什么？”

如果你把康奈尔笔记法的介绍写在右侧，那你在左侧的位置就可以写：“什么是康奈尔笔记法？”

这件事最好直接在课后做，最晚不要超过当天。同时，也可以做个整理和补充，把右侧较潦草的地方再写得清楚一些。

第三，背诵。

康奈尔笔记的背诵和一般意义上的背诵不同，它的方法是遮挡住笔记区，只看提问区，通过这些问题来主动回忆右侧笔记区的内容。

这就不是重复阅读和记忆笔记的过程了，而是要利用你总结提炼的这些问题，从大脑中主动提取出那些知识来。你可以像老师教学生一样，把知识一五一十地复述出来，也可以在纸上勾勾画画。

相比于直接阅读复习笔记而言，这会有一些难度，可以说是一场迷你小测验了。但也正是这种小测验，逼着自己从大脑里提取信息，会让信息记忆的回路增强，让你记得更牢。这是你主动做的第二次记忆。同时，查缺补漏，避免“熟练性错觉”。

第四，思考。

对本页笔记进一步思考：它揭示了哪些现象？与什么理论相关？可以怎么应用？与之前所学的知识有哪些联系？通过它还能推导出什么？……

这是比课堂上听老师讲课、比复习笔记更进一步的思维过程，不仅能够把知识更好地内化在自己的知识结构里，而且可以培养自己的独立思考能力。

当你对笔记内容有了一些新的思考和想法，就记录在笔记最下方的总结区，哪怕是有些幼稚的观点也没关系，这都是在建设你的知识结构。

第五，复习。

这就是通常我们所说的复习。你仍然要通过只看提问区的问题提示来回忆笔记区的内容，而不是直接阅读笔记区。在这个过程中，如果你有新的想法，也可以随时在总结区进行增加和删减。

当然，从学习效率的角度来说，复习当然不是快要考试了，临时抱个佛脚，集中时间攻克一大堆知识，你必须要按照记忆的规律，利用大脑的特点，让自己更好地掌握知识。

所以，在这一环节，最重要的一点就是对抗遗忘曲线。在你的记忆随时间递减的同时，你要通过不断地重新记忆，来加强对知识的储存和提取能力。

根据艾宾浩斯遗忘曲线，我们的大脑有八个记忆周期，分别是5分钟、30分钟、12小时、1天、2天、4天、7天和15天，我们可以把复习的时间就安排在这八个周期里。

5分钟、30分钟是做笔记的时间，在做完笔记后就处理第一个步骤——简化。背诵可以安排在12小时和1天之后，然后在2、4、7、15这几天后，都安排一定的复习时间。每次时间不用太长，只要你不是直接阅读翻看笔记，而是用第三步背诵的方式，那么你的学习效果就会非常理想。

通过这种间隔式学习，你会不断强化对知识的理解，更能掌握知识的应用和关系，然后增、删你在总结区的内容。当知识的短期记忆通过不断储存和提取转变为长期记忆后，你就很难再忘掉记忆的知识，而复习起来也会越来越快。

康奈尔笔记的这四个区域和五个步骤，可以说是层层深入，从记录笔记到思考简化，再到总结，它既遵循了记忆的遗忘规律，让你在不同的时间进行多次记忆，实现了间隔式学习，还符合了学习的必要难度理论，每一次提炼和总结，都是对知识储存的进一步巩固，方便提取。

另外，它还促使你思考知识和知识之间的关系，思考笔记之外更多延伸的内容，把知识点内化到你的知识结构中去，从而让记忆和理解更加深刻。你不用去购买专门的康奈尔笔记本，只要用普通的笔记本，用三条线区分出四个区域就可以了，非常便利。

如果说它有一丁点儿缺点的话，那就是你要对抗自己的“惰性”（这哪里是缺点？哈哈）。相比于传统笔记法那种“我先全记下来，回头再复习”“复习时，我就直接读笔记、背笔记”，康奈尔笔记法有太多需要你主动记忆、做自我测试、提炼和总结的部分，会让人觉得有一些难度，甚至会觉得重复、有点烦。

但这才是符合学习规律的笔记方法，我们所追求的效果，就是把知识内化到自己的大脑里，能够随时提取出来使用，绝不是记录在纸上和电脑里。

第4章

超强阅读力

读得快并不是阅读力的目标

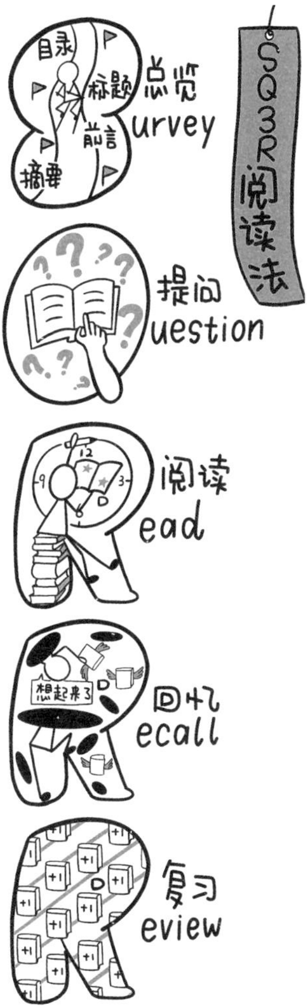

你身边有没有那种阅读速度超快的同学？同样是一本小说，别人要花两三天“啃完”，他一个下午就读完了；去图书馆借书，别人借一两本，能读几个星期，他一借就是一堆，还能够提前还上。他是不是阅读能力超强呢？

当然，如果只考量阅读速度这个标准，他确实是阅读能力相当强。不过，如果只是读读小说、杂志这类偏消遣型的图书，那么，这只能说是比较表层的文字阅读能力，所调用的大脑资源并不多，与我们在学习中所需要的阅读能力还有不小的差异。

当我们谈学习中的阅读能力时，讨论的不仅是读一篇课文，读一本文学著作，还包括读各类学习资料，中英文文章，各种图表和文字混合的论文，乃至考试时你拿到手的试卷，也是需要你先阅读的。

这个时候，阅读就不只是消遣，不是多看少思，看完扔一边，而是需要你从阅读材料中找到你需要的东西。有时，这类阅读还有时间限制，让你压力倍增——这往往出现在要提交作业或学期末要考试的时候。

所以，阅读，当然是越快越好，那意味着你大脑处理信息的速度很快，但同时，阅读也必须能够获取到自己需要的关键信息，达成阅读的目的，绝不能不过脑子、读完就完了。

用一句话来总结，阅读能力就是在有限的时间里快速获取关键信息的能力。像我的舍友 Joe，他就是个阅读能力超强的人，能够在一大堆学习材料中，快速找到并掌握考试需要的信息，这是他每次考试都能轻松通过的重要原因。

有目的的阅读 VS 消遣性阅读

首先我们要明确一点，我们要做的是有目的的阅读（获取关键信息），还是消遣性阅读（打发时间、陶冶情操、审美需求等）？前者带有很强的目的性，而后者往往需要慢下来，细细咀嚼，才能有更好的体验和收获。

这是两件非常不同的事，很多人在阅读上所犯的第一个错误，就是会把一般消遣性阅读的习惯，同样用在学习中的阅读上。当拿到阅读材料后，不论那是一篇文学作品，还是严谨的论文，是一本大部头的书，还是一堆凌乱的资料，通常就会翻开第一页，从第一行第一个字开始读，从头读到尾。

但这恰恰是学习中效率较低的阅读方法，因为我们需要的关键信息，可能在一篇几千字的文章中只占那么几行；在一本大部头的书中，只是几个章节中的几段文字。为了获取这些少量的关键信息，我们却花了更多时间在不相干的事情上，从对时间和精力的利用角度看，是不是性价比不高呢？

所以，这一章，我们来谈谈学习中的阅读能力，介绍更加高效的阅读方法。

假如今天你和小伙伴要去一家购物中心，因为那儿新开了一家比萨店。当你们到达购物中心时，首先要做什么?

如果你们不饿也不赶时间，或许会先随便逛逛，等到了饭点再去吃比萨。不过，如果你们吃完比萨还要赶去上课，当你们到了购物中心，第一件事肯定是找这家店在几楼，坐哪台电梯可以到。

于是，你们先去查看了购物中心的导购地图，又问了几次服务台的客服——毕竟这个购物中心太大了，终于在一个拐角处找到了这家比萨店，用时 6 分 37 秒。

好了，可以吃美味的比萨了。

不过，我有一个问题：为什么你们不是从一楼开始，一家店一家店找过去，而是知道看导购地图和直接问客服呢?

你可能想说:“这么低级的问题，你也问得出来？”

是啊。在生活中，我们都知道直奔目标，如果不知道路径，就会去找人或工具来协助，那么，为什么我们在阅读时，会漫无目的地从第一页开始往后翻呢?

请记住，阅读也是一样的，都是要在有限的时间内快速获取关键信息，所以，你必须先要知道，自己想通过阅读获得什么。有了这个目标，你才能做出取舍。

消遣性阅读	高效学习阅读
从头读到尾	按照脉络，挑重点读
在脑海里读出声音	尽量不读出声音
享受文字的韵律和起伏转折	掌握重点之间的关系
让内容像画面一样依序呈现出来	不断反问并预判内容
没有时间限制	给自己时间限制
偏被动的信息获取	主动去寻找信息
可以作为娱乐消遣	很“烧脑”；最好短时间高专注度完成

有了这个目标，你能够更快地获得你想要的信息。这和我们大脑的运行机制有关系。我先举一个我自己的例子。

我现在有两个孩子。在我老婆怀孕之前，我一直觉得台北是个年轻人的城市，到处都是活力四射的男男女女。结果，从老婆怀孕的那天起，我突然发现台北多了很多孕妇——逛街的孕妇，公园里散步的孕妇，乘坐地铁的孕妇，到处都是孕妇。难道这些准妈妈最近开始集体外出了吗？

当然不是，是因为我开始在意怀孕这件事，使得我更容易注意到其他孕妇的存在。这就叫作孕妇效应，它的原理在于我们大脑的“联想启动”。当我们的大脑开始接收信息时，会同时开始联想，这个时候，与当前信息相关的事情，就更容易被注意到。

所以，在阅读之前，如果你能先确定通过阅读想要获得什么信息，那么在阅读过程中，你就更能注意到它们。

不仅如此，心理学家们还做了更进一步的实验，发现假如在阅读之前，让学生们先进行一次考试，哪怕他们对这些考题一无所知，得了零分，当他们正式阅读时，效果也会比不经过考试直接阅读的同学好得多。

为什么呢？心理学家解释，因为这些试题，会让学生们在阅读时更能注意到“需要注意的内容”，让他们知道哪些是更重要的东西；而且，考试错得一塌糊涂，也让学生们在阅读时避免了“熟练性错觉”——“我看到了，所以我会了”的错觉，从而更加认真谨慎。

如何提高阅读力？

第一步：明确你的阅读目标

在开始阅读前，问自己：我为什么要阅读这本书 / 这篇文章 / 这些资料？我想要从中获得哪些知识点 / 信息 / 方法？我希望通过阅读解决什么问题？想清楚了这些，将会大大提高你

的阅读效率。

那你又怎么知道要先问自己什么问题呢？

现在的课本，往往都会把学习重点放在课文的最前面。所以在看课文之前，最好先预览这部分，把这些重点记在脑袋里，再开始阅读，你就会知道课文里什么最重要了。

第二步：快速浏览目录大纲

一般来说，一本书有目录，课本有大纲，内文有大标题、小标题。提高阅读力的第二步，是先快速翻看整个阅读材料，了解整本书或整篇文章的结构。

大部分读者看一本书时，都会跳过目录，甚至跳过每一章开头的介绍，这就可惜了。其实光是看目录，你就可能猜出许多书里面的内容。[1]

---

① 这个方法适用于知识性的书。小说、故事集等比较适合用消遣性的方式阅读。

比如一本谈大脑与健康的书目录上的第三章标题——“你肚子忧郁了吗？肠道对情绪和焦虑的影响”。你觉得这一章的内容会是讲什么呢？很简单，就是“肠道对情绪和焦虑的影响”啊！那么，肠道对情绪和焦虑究竟有什么影响呢？为什么会有影响呢？这些就可以成为你读书时预设在脑中的问题。

但不是所有书的目录都那么直接明了。如果一本书的目录很简短，并未透露出什么信息，那你就需要翻开书，通过大小标题来猜测内容。

试试看，拿一本你没有看过的书，并找一个看过这本书的朋友。你纯粹凭着翻目录和标题，猜测每一章的重点是什么，让看过书的朋友告诉你是否猜对了。如果没有猜对，那实际上的重点是什么？

通过这个方法，你可以在很短的时间里获知一本书的重点。

第三步：在略读中快速找答案

在一篇文章里，并不是所有的信息都有同等的价值。

你之前习惯用阅读方法，可能就是顺着文字读下来，碰到重点就重读或留意一下，但高效阅读的概念，是在开始前先给自己提问题，然后在文章里根据关键词快速找到答案。

你可以先快速翻看内文，捕捉段落中的关键词。当你觉得看到了重要的部分，就把关键词四周的文字认真读一遍，看看是否能回答你的问题。在阅读的过程中，你要明白自己已经回答了哪些问题、理解了什么重点，以及重点之间的关系是什么。这个相互关系尤其重要。如果你读完一篇文章，只看到了一堆关键词，却说不出它们之间的关系，那就不算是掌握了内容。

这是需要练习的，因为可能跟你之前的阅读习惯不太一样，你一开始会有点不适应。如果你觉得很难上手，可以用下面这个方法开始练习——

跳着读寻找关键词和标题，但稍微放慢速度，同时做笔记，把关键词写在另一张纸上，然后用思维导图的形式将其逻辑关系表示出来。一开始这么做你会感觉很费时费力，也可能因为没有读到每一个字，心里感觉不踏实。但只要持续练习、相信自己，你会发现不但能掌握的信息越来越多，速度也会越来越快。熟练后，那个思维导图就会在你阅读的过程中自动在脑袋里呈现出来了。

第四步：给自己时间限制

假设你有一整天时间来看一本 200 多页的书，你大概可以用消遣性的方式慢慢看完它。

假设时间只有一小时呢？按照一般的阅读方法，也许你只能读完这本书的 10%。但是，如果你用高效阅读的方法，可以在一小时内略读整本书，而你短时间内可以掌握的内容，会通过练习而变得越来越多。

许多同学会因为阅读量很大，花太多时间复习，把自己搞得又急又累。要成为高效学习者，就要练习在指定时间内完成阅读任务。

给自己一个挑战：先检测自己读完一篇文章需要多久。

然后，把这个时间减半，设一个倒计时，试图在时间内读完另一篇同样篇幅的文章。

读完之后，立刻回想：这篇文章的架构是什么？整篇文章的主题是什么？还有哪些特定的重点？光是回想这个过程，就可以帮助你学习和记忆。

进阶挑战：限时读报纸

挑战自己在10分钟内读完一份报纸。先从头条开始，读大标题，再用剩余的时间略读内文。坚持在10分钟内把整份报纸都翻完，然后请家人问你与当天新闻相关的问题。你可能会很惊讶于自己在10分钟内能够获取多少信息。

第五步：练习预判

在消遣性阅读时，我们几乎都是在被动地接收信息。但你有没有试过，一边阅读一边猜测作者的思路，预测接下来他会写什么？

这和在阅读前问自己问题是同样的道理。只不过阅读过程中的预判，更像是和作者在讨论，有时你化身为作者，有时化身为提问者，有时你还是反对者。这种讨论，并不是停下阅读去想，而是在潜意识中边读边推进。这个观点会衍生出什么？作者讲这个故事埋下了什么伏笔？说完这个论点，接下来应该会有个反论点吧……

有句话说“一篇好文章，反映的是清楚的思路”。当你读得越多、越广泛，你会开始对各种文体产生“直觉”，而当你能够快速找到一篇文章的脉络时，你的阅读功力就更进一步了。

而且你会发现，当你连续阅读同一种主题的书或文章，会开始注意到知识的重复点。你对一个主题越来越熟悉，阅读速度也会越来越快。看到一篇文章，你可能看一眼就差不多能预判作者的思路和立场了。

最后强调一下：提升阅读的功力，就是要多多阅读。练习预判，再加上前面所说的几种技巧，高效阅读力就接近大成了。

如何使用荧光笔？

有些人习惯边阅读边画重点，把一整本书都画满了荧光笔迹，也有一种“嗯，我认真看过”的成就感。但这真的有助于学习吗？

用荧光笔，应该是标示出内文的重点，方便日后复习时，快速找到我们想要的信息。但如果重点画得太多，它们还算是重点吗？我的建议是：不需要边读边画，而是看完了再回头画出重点，这样更精准。

你也可以用不同颜色的笔来做标记。举例来说，你可以用黄色荧光笔标示与学习重点有关的论点，用蓝色笔圈出你特别欣赏的金句，用红色笔在页边写下你对内容的疑问。

需要避免的是，把每一个看似重要的关键词、数据、句子都画出来，因为当太多东西都重要，就很难判断什么是真的重要了。

高效阅读的基本原则

高效阅读是一种技能。速度很重要，同样重要的，是阅读过程中的信息抓取和理解能力，这也需要通过练习来提高，在练习中需要掌握一些基本原则。

1. 停止默读

从小我们学语文，老师会要求开口朗读，这会多多少少让人养成即使不开口，也会在心中默读的习惯。而这会大大减缓阅读的速度，要知道人开口说话的速度，一般在每分钟 200 字，而用眼睛和大脑阅读的速度，可以达到每分钟上千字。所以，一定要改掉默读的习惯，不要让文字在脑海里发出声音。这需要一定的练习，比较简单有效的方式就是大幅提高阅读速度，给自己限定一个时间，必须读完一定量的内容，使得自己根本没有时间来发音。一定量的练习之后,默读的习惯就会逐渐改掉。

2. 改掉回跳的习惯

有时候读着读着，突然感觉前面有个地方没看仔细，于是再往回找，去找那个没看仔细的地方是什么，这就是回跳。回跳会中断你的阅读进程、影响阅读进度，而你回跳去看的内容，往往也并不是重要的内容，只是你会觉得有个地方没看清楚，心理上想要去弄清楚，但在大脑的理解层面，这种回跳并没有太大意义。

如果你有回跳的习惯，可以想想，那些你折回去再看的内容，有那么重要吗？还记得是什么吗？恐怕都是一些细枝末节吧？刻意训练自己不要回跳，忍住往回翻的冲动继续阅读，适应一段时间后，这个习惯就会改掉了。

3. 训练你的眼睛

我们可能会有一个常识性错觉，认为读得快就是眼睛左右移动得快，但实际上，快速阅读需要减少眼睛的移动。

这和我们的直觉相反，和眼睛工作时的生理反应相关。在阅读时，当你的眼睛从一个字跳到另一个字，都会伴随着几毫秒的时间来重新对焦和识别，而当你提高了阅读速度，又想识别文字时，这些调整就会让你不知道读了什么，或者变得更加耗时耗力，因为加重了眼球肌肉的负载，这也是阅读时要避免回跳的原因。

减少眼睛的移动，有两种方法可以训练。第一种是用指读的方式，让眼睛减少干扰，让它在阅读时移动更加平稳。也就是说在阅读时，你可以用手指做指引，手指滑到哪里，眼睛就看哪里。这看上去很像小孩子在学习阅读，其实有研究证明，在手指的指引下，眼睛移动得更加精准而稳定，非常有利于快速阅读。

第二种方法，就是善用余光，来减少眼睛的移动。当你的余光能够覆盖更多内容，阅读速度也就更快。

我们的视觉分为中央视觉和周边视觉，通过训练周边视觉，可以辅助中央视觉，让我们一次看到更多的字，这样也可以让眼球少动一点。而想要训练它，就要让你的眼部肌肉更加强壮和灵活。

有一个专门的锻炼方法，可以有效刺激到控制眼球的肌肉。

将你的双臂在体侧平举，与肩同高，然后把大拇指竖起来，指向天空。在头部不转动的前提下，让你的眼睛尽量去看你右边大拇指的方向，然后再看左边大拇指的方向。这个方法可以有效锻炼眼部肌肉，每天都可以练习几组。

它也是放松眼睛的很好方式，可以在你读书读累了的时候进行练习。

高效阅读这种技能，是综合能力的体现，也是一种阅读的

习惯。当你在实际阅读中训练得多了，越来越得心应手时，你可能并不知道是哪些方法起到更多作用，因为这个过程太复杂，涉及眼睛、大脑、声音、意识等各种机制，但是你只需要把握一点：阅读就是在有限的时间内快速获取关键信息。以此为准绳，你的阅读力就会不断提高。

当你的阅读能力不断提高，接下来就要逐渐培养自己的阅读习惯了。

当你拿到一份阅读材料时，是快速浏览还是先研究目录？是边读边做笔记，还是读完了再做笔记？这些步骤和方法，就体现着你的阅读习惯，而当你有一套适合自己的、用起来得心应手的阅读习惯，你就可以不断改善细节，发挥出最大的阅读效力。

心理学的研究结果也告诉我们，当大脑养成一个习惯的回路，会大大节省你的脑力——要知道人的行为大约有 40% 都是习惯性的，这大大提高了人做事的效率。比如，刷牙就是习惯性动作，假如每次刷牙你都要考虑，这次要先左边再右边，要用多大力气，花几分钟……那你肯定要崩溃了。

所以，好的习惯是你给自己的一份高效率礼物。阅读的习惯也是一样，当你在阅读上已经掌握了不少技巧，就要考虑组合出一套适合自己的阅读习惯了。

SQ3R 阅读法

在此，推荐一个我比较喜欢的阅读法，它是一套非常高效的阅读组合招数。发明者是美国心理学家、美国俄亥俄州州立大学心理学教授罗宾逊，它的设计目的就在于提高阅读和学习的效率。美国不少大学都会向学生推荐。

SQ3R 阅读法有五个阅读步骤，分别是：

总览（Survey）

提问（Question）

阅读（Read）

回忆（Recall）

复习（Review）

它们的首字母组成了 SQ3R 这个缩略词。除了提高阅读效率，它还结合了学习的过程。如果你常有学习资料要攻读，要做笔记，要复习，要考试，那么这一阅读方法就很适用。

第一步，总览。

先花几分钟浏览书的框架，了解这本书的大致内容。这包括书的目录、前言、摘要、标题等，但不要看具体内容。如果老师给了阅读指导或布置了作业，这也要纳入阅读的范围。

正如我们去一个新地方要先看地图一样，这些重点就像这本书的“地标”，向你快速展示它在讲什么，在解决什么问题。这有助于你快速定位自己需要的关键信息。

现在我们常常通过网络学习，也可以用这种方法来快速判断网站上的内容是不是你正在寻找的信息，看它的各级标题、重点区域、图片等，如果不是你需要的，就可以关掉这个网页，避免浪费时间。

第二步，提问。

在正式阅读之前，明确自己的阅读目标，可以通过问自己一些问题来提高阅读效率。SQ3R 的重点在于它是基于内容来提问，比如第一步你总览的标题、摘要、框架等，都可以转换为问题来发问。

举个例子，我写过一本给孩子的心理学书叫《谁都不能替你长大》，其中有一章提到情绪管理，里面有四个标题：

情绪是一种生存技能
有趣的表情游戏
我们的情绪有办法控制吗？
负面情绪可以转化

你就可以发问：情绪是怎么用于生存的？讲情绪为什么要讲表情？表情对情绪有什么影响？控制情绪有方法吗？负面情绪有哪些，怎么转化？……

如果老师给你阅读材料时，布置了作业，或者你在总览时，看到每章后面的思考题，你也可以把它们作为问题。当然，你要真心发问，而不只是把标题转换为问题了事。当你带着这些问题去阅读时，对于材料的消化吸收会更有效率。

第三步，阅读。

SQ3R 主要用于精读，所以在阅读时间上不做限制。阅读时要逐章仔细阅读，不能跳读，寻找在第二步时提出的问题的答案。

阅读过程中，你可以画重点标记，也可以反复阅读重点、难点，在书上写出自己的疑惑，也可以写心得体会。

当然，你还可以使用我们之前介绍的康奈尔笔记，对所阅读的内容进行整理简化。这样在第四步的时候，你就有了一个很好的基础。

第四步，回忆。

读完其中一个部分，或者全部读完后，合上它，看看能回想起哪些内容，能否想清楚这些内容之间的关联和重点。

你可以针对在第二步列出的问题清单，看看能回忆出多少，如果想不起来，就去原文中找答案，直到你弄明白是怎么回事。

你也可以利用康奈尔笔记法，通过提问区回忆所阅读的内容，如果想不起来，就再去查阅原文，直到你弄清楚。

第五步，复习。

在遗忘曲线把你的记忆全“消灭”之前，通过多次复习，把你在阅读中获得的那些关键信息不断巩固，直到短期记忆成为长期记忆（或者直到考完试也行）。

SQ3R 是一个非常棒的阅读方法，也是一个阅读的习惯，一开始你可能要适应一段时间，毕竟这不是消遣性阅读，会有一点儿学习压力。所以，就把它当作一个自己必须掌握的技能，拿出时间来训练，使用它，熟悉它，当你形成了习惯，就会尝到它的甜头了，甘之如饴。

阅读力，是学习力的基本功。无论是博览群书还是参加考试，第一步就是通过阅读来获取关键信息。如果再加上时间这一维度，在同等时间内，你能否获得更多有价值的信息，就体现为一个人阅读能力的高低，这是个人学习竞争力的重要基石。

古人云："读书破万卷，下笔如有神。"在古代，阅读足够多的书，掌握足够多的知识，能让一个人在创作时如有神助，脱颖而出。而今天，我们可能不仅要"破万卷"，还要破"十万卷""百万卷"，因为信息每天都以指数级的速度在增长，很多知识也在飞速迭代，阅读绝不是拿来一本书、点开网上一篇文章，就要从头到尾细细读，那很有可能把宝贵的时间浪费在低价值的内容上。

所以，我们不仅要有快速阅读的能力，还要有好的阅读方法。养成好的阅读习惯，我们才能在信息的海洋中快速获得想要的信息，增长我们的知识和经验。

如果你不曾针对阅读本身有过训练，也没有总结过阅读的方法，那么，我建议你从读完这一章开始，逐渐训练起来。因为随着年龄增大、年级升高，一直到你进入大学，这期间所要学习的东西会越来越多，时间也越来越宝贵。就趁现在，磨刀不误砍柴工，提早为未来做好准备吧！

超强复习力

在有限的复习时间里，比别人做得更好

第 5 章

一提到考试，我想很多同学都会心中一紧，如临大敌。没错，作为检测学习成果的工具，它意味着要把你平时努力还是偷懒、是真明白还是糊弄事，都用分数明明白白地彰显出来。

而这个分数的高低，也决定了你面对家长、老师时，是挺直了腰杆，还是想找个墙角躲着。对个人而言，考试其实就是检查你对知识的理解掌握程度，正如前面我们讲过的，它是对信息提取能力的一种测试。对社会而言，很多地方都需要一个直观的、明确的标准，所以我们需要分数作为衡量标准。

我们要从小学一直考到大学，哪怕参加了工作，也还会有技能考试、职业考试，所以，在心理上不要抗拒考试。

我们要做的，是用科学的方式来应对考试，考出好成绩。在这一章里，我就和你分享如何好好准备考试。

考试前的读书假期

我在哈佛读书时，学校里有一个和考试有关的百年传统。每学期期末考试前的 7—10 天，学生会放一个假，叫 Reading Period，简单翻译就叫**读书假期**。

在这一周多的时间里，大家都不需要上课，可以自己复习功课，准备考试。但在此期间，教授们还是要正常上班的，所以你若是有什么问题，可以去找教授讨论。

而学校之所以这么安排，也是为了让学生能有足够的时间来复习，把这个学期的功课吃透，考出个好成绩。

但真实情况是怎么样的呢？

当读书假期一开始，所有人都撒了欢。学生宿舍里到处都有各种各样的聚会，整个校园都是闹哄哄的，根本没几个人复习。

这种状况一直持续到最后三天，突然，学校里变得异常安静。所有的图书馆晚上全都灯火通明，所有学生都开始拼死拼活地复习，即便是大家眼中的学霸，也开始忙手忙脚地复习。

经过三天没日没夜的奋斗后，到了期末考试的前一天晚上，深夜 12 点，那一刻，学校宿舍所有的窗户都会打开，大家会把头伸出去，对着外面放声大喊。这一夜也是哈佛的新生传统，叫“原始呐喊”(Primal Scream)。

更夸张的是，还有很多同学会脱下衣服，光着上身，在校园里跑来跑去。如果是冬天，意味着室外是零度以下，那一幕真是很夸张。为什么这些考入哈佛的学霸，在面临考试的时候，也和大多数人一样，要拖到最后几天才开始复习呢？这里面有什么玄机？

让我先卖个关子，后面再说。

我们先来做个选择题。

假如你要去巴黎旅行，有下面三个导游可以陪你逛一天，你会选择哪一个？

导游 A：等你入住了酒店，我就带你去酒店附近转转，走到哪儿算哪儿，再随便买点什么纪念品，然后咱们就回去。

导游 B：咱们乘坐旅游巴士游览，每到一个地方，你就下车拍几张照片，然后回到车上，咱们再去下一个地方。

导游 C：巴黎是法国首都，有很多人文名胜。我会带你去巴黎著名的地标：埃菲尔铁塔、凯旋门、卢浮宫等。然后去塞纳河的左岸，那里有许多知名的人文咖啡馆。如果你没去过这些地方，等于没来过巴黎。我也会给你讲解它们在历史上的重要性，有很多有趣的故事。

你觉得哪位导游会让你更加了解巴黎，不虚此行呢？当然是导游 C，因为他不仅让你知道要去哪里，还让你知道为什么要去这些地方、你能够获得什么，所以，你的这趟巴黎之行不是走马观花，而是很扎实地进入你的人生经历中。

复习也是一样。如果今天你上了一堂课，读了一本书，却不知道自己要学什么，哪些是重要的，那么，这堂课或这本书只是“路过”了你的眼睛而已。

更别说在考试之前，面对整个学期的复习资料，仿佛进入了知识的仓库，你觉得这也重要，那也重要，或者，你压根儿不知道什么重要，面对这么多知识，你会怎么办呢？是像导游A一样，翻到哪儿看到哪儿，随缘，还是导游B那样，走马观花似的从头到尾翻一遍书？

假如我们把复习也看作一次旅行——在知识中的旅行，你在复习之前必须要知道哪些是重要的，自己要优先复习什么，哪些是要考试的重点，才能更好地、有的放矢地去复习——即使不为了考试，在今天这个资讯爆炸的世界，我们也必须知道如何找到重要的信息，才不会浪费了很多时间，却没有好的成效。

明确复习重点

在这里，我介绍两个简单的方法。

首先，学会看课纲或目录。

当你拿到课本或复习资料，不知道你会不会研究一下目录。我所认识的年轻人里，非常少的人会看目录，就连我之前也是会将它跳过的。但是，真正的学霸会非常仔细地研究目录，比如我的舍友Joe。

要知道，目录不仅仅有索引的功能，它其实高度概括了每一章最重要的知识点，尤其是教科书。试想一下，假如你是教材的编写者，你会怎么编写目录？或许课本里，边边角角处都有很多知识，看上去都很重要，但非常确定的是，但凡写入课本目录的关键词，都是最为重要的。

所以在复习时，要先看目录。光是看目录，你就已经能知道学习的重点是什么，它们也往往是考试的主干题目的来源。所以，先理解目录，多花点时间在上面，复习的目标性和效率都会大大提高。

第二，学会问老师。

当你看完课纲、目录后，如果还是不清楚，那问老师就会是最快的方法了。那我们该如何去问老师呢？

学生："老师，请问我们这次的期末考，考试范围是什么？"

老师："既然是期末考，那就是我们这学期在课本里所有学到的部分啊！"如果你这么问的话，老师八成会这么回答。但如果你想要得到比较有价值的信息，该怎么问呢？

"老师，请问这学期的课程中，课纲希望我们理解与学习的重点是什么？"

听起来跟上一个句子差不多，但其实有非常大的差别。

因为老师是按照教育部制定的课纲来教学，其中明确列出了学生在这个学期必须掌握哪些能力与知识。我们以为老师只是照着课本讲课，但其实教学内容里包含了教材制定者希望我们掌握什么样的知识，老师只是用自己不同的方式教授给学生。

所以当你这样问时，老师很可能就会告诉你这个学期的核心知识点都有哪些。

当你知道了这一学期的重点和主干，其他细碎的知识才有办法挂上去。如果你大脑里没有主干，就像进入一座陌生的城市，你没有地图，没有指南针，也不知道自己要去哪里，那就只能走走看看，碰运气了。

复习也是一样，如果你不知道重点是什么，只是打开书，看到一大堆字，一大堆概念，就容易陷入“背了忘，忘了背”的境地，既不确定自己复习的程度如何，也不知道是不是考试需要的，陷入无边无际的痛苦复习中……

测试哪些内容没有掌握好

当你明确了复习的重点，接下来要做什么？是否就是按图索骥，照着重点清单，一个个读下去、背下去？

这是我们通常所理解的复习，但我们之前讲到过，这种方式是比较低效的，而且容易陷入“熟练性错觉”的坑里。

就像旅行，当我们知道要去哪些标志性地标，接下来要做的就是看看自己能否很顺利地到达那里，如果不能，思考要怎样努力才行。

所以，我们要做的，是先检查这些重点里，哪些自己已经掌握，哪些是模模糊糊的，哪些简直像天书一般，完全搞不懂。

你必须先知道自己懂什么、不懂什么，才好制订你的复习计划和分配你的复习时间。常用的检查方法有以下几种。

1. 假如你使用了康奈尔笔记，可以用它的提问区来回忆相关的知识内容。如果有回忆不起来的，再去看书学习，用这种方式筛查一遍。

2. 用思维导图的方式，根据目录里的重点，把与之相联系的知识点、概念等，画成一张大的思维导图。当然了，这其中肯定有模糊的、想不起来的地方，那就是你要着重去复习的。

3. 用重新讲述的方法来检查每个重点你能否通畅地表达出来，如果不能，那说明你在这里有知识的盲区。关于重新讲述，有两个常用的方法：详细提问法，费曼学习法。我在本章后面再介绍。

4. 考试也是一种检测方法，你可以找到所复习内容对应的试卷，用以往考过的真题，或者书本上的课后题，来检测自己的学习程度。

当完成检测，你就知道哪些地方是你要着重加强的，哪些是已经掌握的，可以少用点时间。这会提高你的复习效率。而且，检测本身也是一种信息的提取，它会大大巩固你所学习的知识，增强记忆力。

制订合理的复习计划

明确复习重点，了解到自己哪些还没掌握好，接下来，就要制订复习计划，而这就涉及对时间的管理使用，特别是临近考试，我们都没有充裕的时间来复习——除非你是那种未雨绸缪，早早就开始从容复习的同学。

每个人拥有的时间都是一天 24 小时，但当你开始复习的时候，你会发现时间似乎和想象中的不一样。你很着急地要把所有知识都复习一遍，但与此同时，又好像还有时间做点别的……比如点个外卖、吃个零食、看看短视频。

你还会觉得，后面还有时间，所以一开始并没有把“认真”二字放在心上，翻翻这儿，看看那儿，直到你遭遇了**“帕金森**

定律”。

帕金森定律又叫鸡毛蒜皮定律，它是由一位英国的历史学家诺斯古德·帕金森提出的。他根据多年对政府工作的观察，发现工作中极易出现一种情况：

如果你分配一项任务，要求 2 小时内做完，做事的人会拼死拼活想办法在 2 小时完成。

如果你给他两星期，他也会用足两星期来完成这同一件事。

就好像同一件事突然膨胀了，填满了那两星期的时间。为什么呢？因为当时间拉长了，有太多鸡毛蒜皮的事情插进来，带来更多的鸡毛蒜皮，于是，看似忙碌实则低效的“帕金森定律”就开始运转了。

现在，你应该知道了哈佛校园的读书假期，那些学生为什么一开始优哉游哉，最后却要熬夜复习——即使是学霸，也难以躲过“帕金森定律”。

所以，当你开始制订复习计划时，一定要对自己狠一点儿，给自己安排少一些的时间，反而能够提高效率。

我非常尊敬的一位效率大师博恩·崔西说：“如果你开始工作之前，能够花 10% 的时间先做规划的话，那会大幅提升你其余 90% 时间的效率。”

我非常相信这一点。就像我的舍友 Joe，在开始准备期末考试前，他也和我一样焦虑，也要读各种各样的书，但他会坐下来深吸一口气，先规划自己的学习计划。

他说：这一门课，我要花 4 小时来准备。

我很惊讶："你在开玩笑吗？我需要准备 3 天！每天至少 12 小时，也就是说我需要 36 小时，而你只需要 4 小时？"

"其实 36 小时里，你会浪费掉大部分的时间。因为你可能专心了一个半小时后，就已经失去了效率。而我只要花 4 小时，就可以办到！"

"那告诉我你是怎样办到的！"

原来，Joe 是这样安排他的时间的——

首先，每一个小时他会先给自己列一个学习重点和目标：这一小时我要学到的是什么？是哪一个章节的概念？

然后他会去测试自己对内容了解多少。如果整个学期你都好好上课，那么你其实已经有基本的概念了。他会先花一段时间看看自己能否清楚解释所有概念，能否将重点的因果关系完整解释出来。如果可以的话，就可以少花一点儿时间在这一章节上面。如果发现自己卡住了，就再去查课本。

他多半时间都花在这里。测试完后，再回去把那些特殊的名词或细节圈起来。这对大学生来说尤其重要。因为大学的考试多半是概念的架构，较少单纯记忆特定的微小知识——所有的信息与知识都必须挂在架构上。

然后，他会研究以往的真题。

每年的考题虽然不一样，但是核心概念却大同小异。只要你找到以前的真题，花一点儿时间，再快速复习，就能快速地掌握考试要点。这一点非常重要。

就是这么简单，将时间以一小时为单位分段，然后快速进行以上步骤。

每个小时后，再重新检查：刚刚这段时间，我运用得怎么样？我有没有达成目标？如果没有达成，我再怎么样重新分配时间？如此一来，Joe 就复习得又快又有效果。

准备复习的三大要素

不要以为时间充足，你就能更高效率地复习，你得先有计划，才能把时间用在重要的事上。你还要跟自己的惰性、拖延症对抗，要跟同学的娱乐要求、好吃的零食做斗争——这里面体现的都是人性，或者说，是大脑的机制。后面，我会专门介绍。

复述的能力

检测自己是否掌握了复习的重点，其实就是看能否将知识流畅无碍地从大脑中提取出来。在这一点上，很多人会犯“熟练性错觉”的错误。

我们翻开书，拿出真题或错题本，你在看第一眼时，心里就大致清楚这里是什么，因为这些你都已经学过或复习过。看到文章第一段，印象中就知道下一段是讲什么。看到题目，就知道这个问题应该选 C，但这里面的知识，你是真的掌握了，还是只有一些浅表的印象？

等到了考场上，面对试卷上那些不是按照你熟悉的方式排列的试题时，你还能否知道它们考查的是哪些知识点，相互关系是什么？

所以，检测，就是要真检测，不能自己糊弄自己。

在此，我推荐两个检测的方法，同时也是学习的方法。一个是详细提问法，一个是费曼学习法。

1. 详细提问法

通常是从一个问题或一个概念出发，延伸到另一个相关问题，然后再到另一个问题，层层深入，最后变成一个有逻辑、有秩序的知识框架。

这个方法有点像我们小时候追问父母各种问题，为什么会下雨？为什么下雨会打雷？为什么打雷时会有闪电？……一路打破砂锅璺（问）到底，把被动的知识输入转变为主动追问。它的优点在于我们能够以自己的逻辑将知识串联起来，并且符合我们认知事物的一般规律，同时，还能够迅速找出自己的知识盲区。

比如，我们想要复习 20 世纪 30 年代的经济大萧条，就可以从这个问题开始：是什么造成了经济大萧条？我们能找到几个关键性事件，如 1929 年股市崩盘，几千家银行倒闭，欧洲的高进口税，农业旱灾爆发，等等。

接下来，我们继续追问：为什么那个时候会发生股市崩盘？我们找到的答案会有保证金的销售，英国股市下跌，投机买卖市场失控，以及钢铁行业可疑的商业活动等，这一切导致了股市崩盘。

接下来，我们继续追问：什么是保证金销售？为什么保证金销售出现了问题？

这样一直追问下去，你在这个过程中，遇到任何卡壳、无法进行下一步的地方，那就是你的知识盲点，你就需要去找资料来解答这个问题。

当你回答完所有这些问题后，你会发现，你不仅对整个经济大萧条有了宏观认识，而且对于每个环节所发生的推动事件，以及那些重要的节点、起作用的因素，都有了非常清晰的认识，而且这些认识是以一个非常完整的逻辑贯穿到一起的。

如果你能够把围绕核心问题发散出来的每一个问题都梳理清楚，找到答案，那么，你还会了解到每个问题之间的关系，于是一张知识的网络图就出现在你的脑海中。无论从哪一个角度来考查你的掌握程度，你都能从一个系统中提取出相应的知识来回答。

详细提问法几乎可以用于所有领域知识的学习，你也可以搭配思维导图来使用，这会以一种直观的方式让你更清楚地看到知识是如何串联在一起的，便于记忆和掌握。

2. 费曼学习法

费曼学习法又叫费曼技巧，它是由著名物理学家、诺贝尔奖获得者理查德 · 费曼提出的，分为以下四个步骤。

第一，选择一个你要学习的知识点，或者某个概念。

第二，设想一个场景，你需要把这个知识点教给别人，给他讲清楚，你会怎么来讲？在这一步，请不要背诵或复述课本上的书面语言，而是要用你自己的话来讲。如果你觉得这个有难度，很难把握，那么你就想象你现在面对的是一个比你低两个年级的孩子，你要怎样照顾到他的理解能力，还能把事情讲清楚。

第三，在讲解的过程中，你会不可避免地遇到自己不懂的、讲不清楚的、卡壳的地方，你需要去重新翻书、翻资料，重新学习，直到你能够流畅地把这些地方讲清楚。

第四，用你自己的语言和逻辑把这个知识点全面整理出来，尽量简化和条理化，最好不要复制任何书面上的东西。

至此，你就完全掌握了这个知识点。如果你觉得想象一个教学场景有点虚，你也可以通过书写的方式来进行以上步骤，就像老师在讲课之前要备课一样，这样一大段有条理、有重点的文字，也就是你的教学脚本。

当然了，如果你有一个或几个学习同伴，在使用费曼学习法的时候，就更容易有真实的反馈。你们未必要复习同一门课程，可能有人复习历史，有人复习语文，有人复习物理，你们约定好，每隔多久，拿出几分钟时间，相互向对方讲解自己学习的东西。

这样的好处是，你不仅有了真实的教学对象，能够获得及时反馈来检查自己的学习效果，你还能在很短时间内了解另一个学科的重点。并且，以学习小组的方式进行学习，大家还可以相互鼓励，共同保持积极的心态。

例如我们今天有五个主要章节，五个同学每个人负责一个章节，之后再用口述的方式讲述给其他同学听。其他同学可以发问，厘清他们不清楚的部分。你会发现自己可以非常快速地整体理解所有章节内容，也可以加强彼此的学习成效。

我在哈佛心理系学习时，一开始必须认识伟大的心理学家们，并了解他们的主张。如果你直接念书的话，很容易把内容搞混，因为每一个心理学家都有不同的门派和思想。那我们是如何快速入门的呢？

我跟我的同学用了角色扮演的方式，每一个人扮演一个不同的心理学家，先把这个心理学家在心理学方面的概念全部搞清楚，然后每个人站出来，跟其他人对话。我们意外地发现这样做的效果非常好。

比如有个同学扮演一位鼻祖级的心理学家，他说："我们每个人的心理分为三块，分别是……"

另一个心理学家，是鼻祖的学生，后来离开师门，另立门户，他就反驳说："不对，我认为它是……"

又有一位心理学大师说："你们所讨论的是……现在这个已经不重要了，我认为重点是……"

每个人扮演一个角色，你会发现这样的学习方式非常生动，你甚至可以拿出一个主题来，让不同门派从他们各自的角度来讨论，就会有一种特别生动、立体的理解，不再是干巴巴地读书、背概念、做笔记。

记得我上高中时，当我们学到美国历史上的越南战争时，老师使用了不同的上课方式。他将班上同学分成两组，一组扮演美国政府，一组扮演反战的年轻学生，组织了场辩论赛。

在这过程里，你会发现，两组各有各的道理，各有各的考量。当你再去读这段历史资料时，就能用更加全面的角度去看待，它也能变得更加鲜明生动。

这一章我们谈的是如何复习，但讲到这里，我想插一句题外话。我认为教育要做的事情还有很多，就像在古老的时代，从苏格拉底到孔子，那些教育的过程，其实都是一场对话与思辨。

直到近代，我们才有了这种教育大课堂的概念。一个老师同时面对很多学生，老师先单独讲授，学生负责吸收，老师负责测验。我觉得学习的最好方式，应当是通过对话，用各种活用的方式来理解，否则，知识很容易变成一些只用于考试的东西，变成一些名词、一些公式、一些概念，孤零零地存在于你的印象中，只是证明你曾经学过而已。

最后，让我分享一个发生在我身上的关于知识的真实故事。

那是二十多年前，我上大学时，特别喜欢做背包客旅行。当时我和一个男生一起去了印度尼西亚的巴厘岛。那个时候，巴厘岛可以用原生态来形容，当然，更确切地说是——荒凉。

我们在山脚下租了脚踏车，一路骑到很高的山上，沿着公路往下疾驰，非常刺激。不过，出乎预料的是，骑到一半时，天上开始下暴雨,路上全是雨水,地面打滑,我们两个都摔倒了。

不得已，我们只好沿着公路旁边的小路继续骑。那都是一些泥巴路，沿途会经过一些小村落，会有光着脚的孩子们跑出来，好奇地看着我们这两个老外骑车经过，有的还会追随我们一段路程。

不过，我们一点儿闲情逸致也没有，天很快就黑了，我们也迷路了——那个时候可没有什么手机导航软件。四周都是泥泞的路，语言也不通，真的有走投无路的恐慌感觉。

这个时候，我急中生智，打开背包，里面有一本背包客必带的旅行手册《孤独星球》，翻到后面，是当地的一些常用语，我就念叨着去问村里的居民，他们听了之后，就指向一个方向。

我说声谢谢，两个人继续往前骑，骑到没有路了，就停下来再去问居民。后来，一直到晚上十点多，我们身上都湿透了，凉透了，才回到住处。

现在，二十多年过去了，这一句问路的话，我还是记忆犹新，一辈子都不会忘记。因为当时生死攸关，这句最重要的信息，已经深深地刻在了我的记忆中。

学习，非常重要，没有人会否认学习的重要意义。但如果说有什么一定要学，那就是像那句话说的一样，和我们的人生、我们的生命息息相关的知识。

而且，正因为和我们的生命息息相关，当学到之后，我们也很难忘掉。但是，我们平常学的东西，你有没有能力分辨出哪些是重要的，哪些是不那么重要的？

说不定大部分都不重要，或者，在某个阶段重要，在其他阶段就不重要。所以，在学习之前，我们一定要明白一个前提——我们为什么要学习它，我们的学习目标是什么。

比如，学习外语和了解不同文化，是为了出国旅行方便，那么，你就会去找一些便捷手册，而不是像准备考试一样去学习。如果学习是为了考试，那么，我们就得知道，学哪些、掌握哪些会让我们取得好成绩。如果你想未来做一个化学家，或成为一个医生，那么，你就要好好学习生物、化学等学科，多下一点儿功夫。

所以，当你想要一个真正高效的学习方法，你首先要明白哪些东西是重要的，要学会分辨，学会取舍。

找到那些真正重要的事情，这些事情才值得你投入时间和精力，你就做你得做的啊（You just do what you gotta do），才会让你的投入有足够的回报。

打败拖延症

没有自控力，效率低一半

第 *6* 章

大多数人都有拖延的毛病，我也不例外。

记得最严重的一次拖延，是我在上高中的时候。课业压力大，活动也多，有时候真的忙不过来，有时候是担心做的东西不够好，于是心理上出现一些状况，有些事情明明知道应该做，但就是不想动手，直到火烧眉毛，才匆匆忙忙去做。

现在学生的拖延症恐怕要更严重一些，为什么呢？

因为手机。

当只要用手指点点点、滑滑滑，你就能在掌中观看全世界的趣事时，你的学习就太容易被打断了。于是该做的事情被延后，安排好的时间被打乱，学习计划也变得不那么可行了。

让我们来想象这样一种情形——

要放暑假了，老师布置作业说："同学们，在这两个月的假期里，我希望大家能写三本书的读书笔记。"

走出教室的你，心里盘算：两个月，时间太充足了。我一个星期就能看一本书，周末就写读书笔记，一共用三周做完，剩下的时间我就可以自由支配了。

理想很美好，但现实是什么样呢？

第一天，你拿出书，刚翻了几页，想到电脑上的游戏还没通关，于是扔下书，玩电脑游戏去了，结果一天都耗在游戏上。不过也不着急，才第一天嘛。

第二天，你又拿出书，妈妈走进房间，让你陪她去逛街，你扔下书就出门了，直到晚上才回家。

第三天，你想，我明天再读吧，现在是假期，有的是时间呢。

第四天，同学喊你去踢球，回来很累，就不读了，明天再说。

第五天……

第十二天……

一个月过去了，你的第一本书可能只读了三分之一。不过，还有一个月不是吗？

只是，直到最后一周，你发现第一本书还没有读完。这个时候，你才觉得有点慌了，作业是一定要交的，会关乎下个学期的分数！于是，你开始拿出整天时间来读书，做摘抄，甚至熬了几个夜，才终于在最后一天把三份读书笔记做完。至于质量嘛，自然是不敢恭维。

这种拖延的状况，你一定不陌生。回想起来，仿佛每当我们想要学习时，就会有个“小恶魔”过来诱惑：“去做这件事吧，去做那件事吧，待会儿再学习吧，还有很多时间呢，不着急呀！”

于是，你就被诱惑了，然后拖延到火烧眉毛时。

为什么我们这么经不住诱惑呢？是否因为意志力不够坚定？其实，主要的原因在于我们的心态和对时间的感知。因为学习这件事，本来就容易让人畏难，而玩手机、踢球、看娱乐八卦，本来就让人觉得“爽快”，又很容易嵌入到你的学习过程中，于是，你也就很容易被这些事情带走。

想要打败拖延的毛病，我们必须要理解，我们为什么会拖延。

一般来说，有四个心理层面的原因。

想法一：课业实在痛苦，而娱乐的诱惑太难抵抗

这是最简单的因素。课业容易让人觉得枯燥乏味，而我们的大脑崇尚享乐主义，所以一有好玩的事情，我们当然想去做。

科学家针对大脑的这个特质，给它起了个名字叫“及时行乐猴”。

为什么有这样俏皮的取名呢？这就要溯及我们祖先的原始大脑。

当时祖先们还在树上爬来爬去，保有很多动物性的本能，为了维持最基本的生存，他们能吃就吃，能睡就睡，能交配就赶快交配。因为不这么做，下一秒可能就会碰到天敌或意外而死亡。

如今，我们已经离开丛林，进化为文明的人类，在安逸的

环境中也不太会有即刻的生命危险，但有些部分还是像猴子一般，比如我们会倾向于去做使自己开心的事情，逃避痛苦、无聊、没有意义的事。

所以及时行乐猴一直存在于我们大脑中的边缘系统，它会推动着我们“及时行乐”。当你要开始学习时，脑子里却想着去看刚刚更新的那一期漫画，那就是及时行乐猴在起作用了。

平常精神好的时候，我们也许可以对抗及时行乐猴。但是精神不好或诱惑太多时，我们就容易栽在“猴子”手上。这该怎么办呢？

处方：训练及时行乐猴

坦白说，如果没有及时行乐猴，我们的人生会是非常枯燥的。每个人都必须要平衡自己的生活，我们同时是“书虫”，也是“玩家”。既然我们不能否认它的存在，那就把自己设为及时行乐猴的训练师吧！

能够和及时行乐猴相抗衡的，是大脑中的前额皮质，它会抑制我们的动物本性。它会告诉我们未来的计划更重要，所以为了将来，你必须要忍耐一下，很多事是现在必须舍弃的。

训练及时行乐猴，就要先找到抑制它的方法。

每次当我们要做一件事情，“猴子”就会跳出来说：“你看，手机里又有新信息，那个视频很好看。”这个时候你要怎么去跟它沟通？

你说："好的，'猴子'！我先给你设一个挑战。"

这时你要有个很明确的目标，例如：接下来我要背英文单词，你给我半小时，半小时内不要吵我，我就专心地背。如果30个单词里能背过25个以上的话，我就带你去便利店，买一小盒我最喜欢的巧克力冰激凌来犒赏你。

发现了吗？在这段对话中有三个要点。

（1）要有明确的挑战目标

你告诉"猴子"：我等一下要进行挑战，目标是什么？

如果是要完成这一段论文，那至少要写多少字？1000字，而且要在两个小时之内。

你需要一个明确的时间及规则，因为"猴子"最擅长的就是在模棱两可的状态之下跳出来。当我们要做决定，却不太确定接下来该做什么的时候，"猴子"就会帮你做决定："看来，我们还是去打游戏/吃东西/看电视好了。"

这时，你必须说："不行，我们已经有当初讲好的规则了。"并且也说清楚完成后要如何奖赏自己。

你可以想各种方法，但请一定要对"猴子"遵守诺言，不要食言。如果你没有依约定犒赏自己，你的潜意识就会开始作祟，开始不相信自己。之后就算你想做更多的事情，"猴子"也会因心态不平衡而不听话了。

（2）目标要有足够的挑战性

对你来说，如果平常背单词可以半小时背30个，那你就给自己设更高的目标：每一次增加10%。你可以适当调整难度，增加挑战性，“猴子”才会把它当真。

（3）奖励要设定明确的时间和规则

对于奖励，也要明确规范。像容易上瘾或无法在指定时间内完成的事情，可能就得再斟酌。例如，休息时间打一场手游，却没办法“十五分钟就结束”，那就不要设这个奖励。这也是很多人在设奖励时产生的问题。

想法二：完美主义，眼高手低

正如前面所言，我曾经患有严重的拖延症，大部分是源于此。当你对自己有完美要求的时候，会发生什么事呢？

当你今天收到一个任务，完美主义的人通常会思考如何将它做到尽善尽美，但同时也伴随着“万一我做不到怎么办”的恐惧。因为理想中的成品太美好了，自己八成做不到，所以就会开始“逃避式拖延”，觉得暂时“眼不见为净”会好一点儿。

你再想起这件事时，发现剩下的时间更少了，你也变得更加焦虑。既然美好的成品看起来还那么遥远，不如就继续拖延吧！听起来莫名其妙，但有过这样想法的人，一定会觉得心有戚戚焉。

处方：启动打败恐惧的想象力

若你想要对抗完美主义，就必须要坐上时光机器，把自己放置到未来。

假设老师要求大家完成一篇作文，你的脑袋里已经有想法了，甚至可以预见自己的作品得到 A++，老师会在评语栏里写：架构完整，文情并茂！你想象着这样的美好，也同时怀有恐惧。我们会害怕自己达不到那样的程度，所以会想出各种各样的方法拖延。

这个时候，你就要调整你的思维方式。

之前的思维	调整后的思维
• 一定要做到最好！ • 担心办不到 • 美梦与担忧的挣扎 • 挣扎太累 • 拖延	• 一定会比上次更好！ • 想象当天的美好 • 再充分想象当天因为准备不充分而有的惊慌 • 说：完成比完美更好！ • 赶紧开始行动 • 再来一次

如上表，左边是我们习惯的思维方式。当我们收到一个任务时，心中告诉自己："一定要做到最好！"接下来却担心自

已无法达成。美梦、担忧这两件事不断作对时，我们会开始挣扎，感到疲惫，于是在碰到另一件可以在今天做完的事情时，大家就会选择后者，也开始拖延这件本来想完成的事情。

那调整后的思维方式是什么呢？

同样在一开始碰到任务时，我们不需要把它想象成做得完美，只要想象能做得不错，或是“这次比上次更好”就行。然后把自己放到截止日的那天，去想象自己没有准备的状况。

像我经常会做线上的直播讲座，我会想象自己已经在镜头前面，却完全没有准备。天哪！是不是觉得超级焦虑？你的汗不断冒出来，真是非常糟糕的感觉。闭上你的眼睛，充分想象这种感觉，这就是拖延的后果。

无论你是要交作业、参加考试，还是即将上台演讲，当你想到未来完不成的那种糟糕的感觉，当这种不好的念头出现时，请立刻睁开眼睛，借助这个感觉，开始行动起来。

请一定记住这句话：完成比完美更好！

马克·扎克伯格创立了 facebook（脸书）。他这么做，本来只是为了使就读于哈佛的同学便于相互联络，后来 facebook 却逐渐扩散到波士顿各大校园，甚至现今已风靡许多国家。

在公司快速发展的时期，扎克伯格每天需要完成的事情及做出的决策，绝对超出一般人的想象。在讲求效率的时刻，并没有那么多时间让大家去把每件事斟酌到尽善尽美。而这个贴

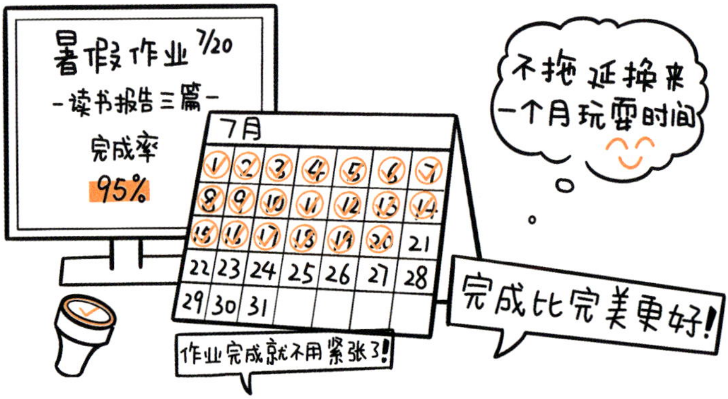

在 facebook 总部墙上的句子——“完成比完美更好”，不仅推动着扎克伯格前进，也能帮助他克服内心莫名的恐惧。

“完成比完美更好”，我非常喜欢这句话，这也成为我的座右铭。如果你发现自己开始拖延、缺乏动力并进入负面思考的旋涡时，试着告诉自己这句话，并且付诸实践。

想法三：事情太多，时间不够

你总是有太多事要处理，除了学校的课业、课后的社团、课外的兴趣班，连家人也对你有要求，希望你可以分担家务，照顾弟妹。

另一种状况则是人缘太好，朋友太多。身边总是会有人说：“你可以帮我做这件事吗？”“我们一起去逛街吧！”“去踢球吧！”你偏偏又不好意思拒绝他们。最后东帮西帮，反而分散掉自己原本可以用来好好完成某事情的时间，导致时间永远不够用，这该怎么办呢？

处方：懂得将事情分类筛选

我们每个人最大的敌人都是自己。你也许常会觉得自己像超级英雄一般，世上总有太多问题等我解决，自己是不得已才会拖延。

但老实说，如果这种“正义式拖延”耽误了你必须完成的大事，是很不可取的。所以，面对那么多的状况，你必须学会如何分配时间。

跟你分享一个我自己常使用的技巧——“艾森豪威尔矩阵”，也叫**时间四象限法则**。

我们每天都会有不同的事情需要做，那该怎么分配时间呢？通常我会拿一张纸，列出一份待办清单。

请注意，一定要拿一张纸，不要只是在脑中分类。把事情放在脑中，不仅容易忘记，还会成为占据思考空间的悬念。请把事情写到纸上，其中“怎么写”也是有方法的。

把一张纸对折，再对折，然后打开，相当于分成了四等份，如同下一页的表格，写上“紧急”“不紧急”“重要”“不重要”，这样你就会有四种不同的类别，然后把所有的待办事项归入这四种类别：

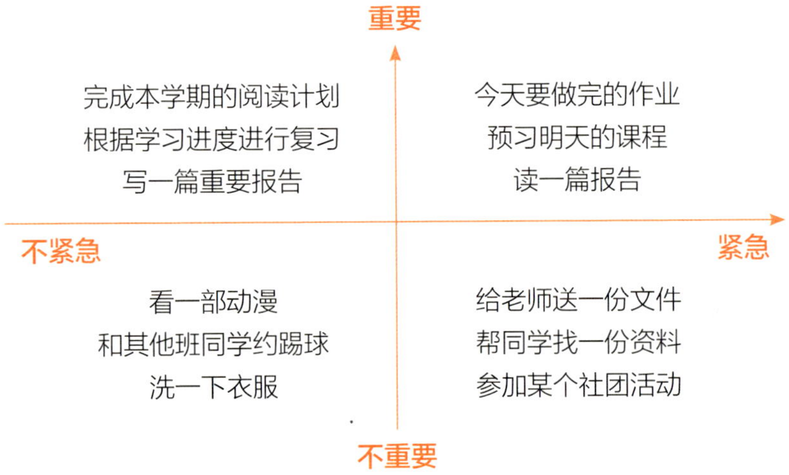

紧急又重要：尽快找时间来做

比如今天要做完的作业、预习明天的课程、读一篇报告，这都是紧急又重要的，需要立刻着手去做。

紧急但不重要：选择交给别人

例如给老师送一份文件，帮同学找一份资料，参加某个社团的活动，虽然这些事挺紧迫的，但它不是非得由我来做，你就可以选择找别人来帮你做这件事。

重要但不紧急：规划时间完成

通常都是长期的计划：要完成本学期的阅读计划，根据学习进度时不时复习，写一篇很重要的报告等，这些东西都是短时间内做不完，需要消耗一定时间和精力的，但它非常重要，所以我们必须列好计划，安排到日程里，到了该做的时候，就一定要做。

不紧急又不重要：直接删除不做

比如看一部动漫，和不那么熟的同学约踢球，或者当你想要学习时，发现还有一些衣服没洗。当你把这些事情都列下来时，你会发现在有限的时间里，有些事真的不需要去做，可以直接舍弃。

这样分类，可以帮助你找到什么事才是你真正应该花时间去做的，这个表格被称为“艾森豪威尔矩阵”。

艾森豪威尔是美国的一位将军，后来成为美国总统。据说他是一个非常高效能的人，而他就是用这样的方法来规划自己的每一天。这也被畅销书作家斯蒂芬·科维收录进名作《高效能人士的七个习惯》。

如果你能在学生时期就养成这个习惯，会对你个人的时间规划有很大帮助。

现在，不妨拿出一张纸来试试吧。

想法四：计划永远赶不上变化

我们总会高估自己的做事效率，也容易认为事情总是从开头一路顺利抵达终点。但“计划永远赶不上变化”，实际状况总是会遇到各种各样的干扰。

每一次当你坐下来想卷起袖子好好开始的时候，偏偏你的电话就响了。

“我跟爸妈吵架了。我现在好难过。”

“朋友约我去看电影，你也一定要来。”

“有个大八卦，赶紧上网去看啊！”

诸如此类，总是会影响到你原本的计划，让你防不胜防，也慨叹：“为什么每次计划都没办法顺利进行?！”

现在思考一下，你是不是也有过这种心理?

处方：制订计划有方法

我们永远不知道老天接下来会安排什么事情过来，但起码我们要知道，遇到干扰，我们该用什么样的方法来应对。

这里我想和大家分享三个心理学的方法，它们对我而言也是非常有效的方法。

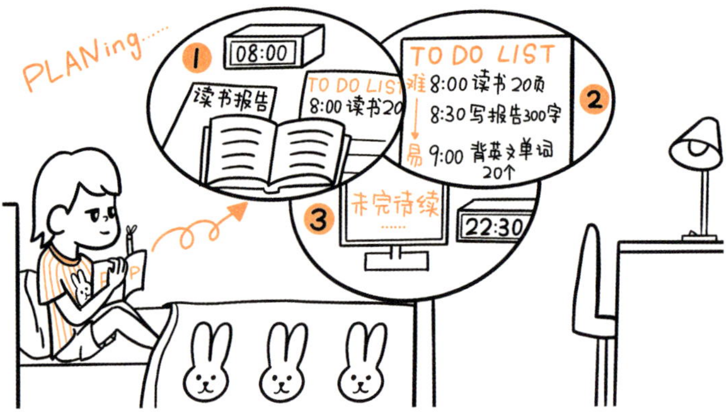

（1）**定时定量的单纯计划**

我们常说吃饭最好定时定量，为什么连做事也最好定时定量呢？因为人是惯性动物。如果你每天起床都会刷牙，有一天你起床没刷牙，你就会觉得不对劲，好像少做了什么事。

很多时候我们容易分心和拖延，就是因为不知道接下来要做什么，这时候及时行乐猴就跳出来了，把我们带离本来的计划。

所以，如果我们能“每天定时去做一件事情”，比如，每天晚上 7 点读 20 页英文原著，不出一个月，你的大脑跟身体就会习惯这样的状态，你被干扰的可能性就会变小了。

（2）**早上“先吞青蛙”**

当然不是让大家真的吞青蛙。这个说法是源自美国作家马克 · 吐温。富有幽默感的他曾说：“如果你每天早上起来就生吞一只青蛙，那么你的一天一定会很顺利。因为你在一天的开始就已经做了最难受、最痛苦的一件事，所以接下来的一天只会越来越好。”

对大部分人而言，在起床后的三十分钟到一个半小时内，我们的精神与专注力是最好的时候，因此应该好好利用这段时间，去完成自己觉得最困难的一件事。

假设你现在要完成一份作业，你已经事先规划好，明天要读 10 页参考资料。那什么时候做呢？早上起床后第一件事情就做。为什么？因为这是你最不想做的。

我真的进行过这样的尝试，而那一天真的会变得无比美好，因为你从第一天的第一刻，就已经战胜了你自己。虽然你只是做了一小部分，只是看了这 10 页资料，但这种战胜自己的感觉，会使你接下来能做更多事情。

那如果你有很多必须做的事情，有两只青蛙，那该怎么办呢？你就先吞比较丑、更难吃的那只，然后再去做你定时定量的那些事。

对我而言，每天早上会有一段固定的写作时间。久而久之，每到那个时间，我就必须坐下来写作。当这成为我生活的习惯后，我就发现它变得越来越容易。身边的人知道这个时间我在书房写作，于是就不会有人在这个时候找我。

（3）制造悬念

这是一个很奇妙的效应。据说大文豪海明威写作告一段落之际，他会写一个句子，但是不会写完，只写一半，然后就暂停当天的进度。这是为什么呢？人的大脑非常奇妙，如果有悬念挂在心上，它就会一直潜伏在你的脑中，让你想去完成它。

所以，当海明威第二天回到打字机前，看到那句写了一半的句子时，固然，他可能也有拖延症或受到及时行乐猴的影响，但他会忍不住先把那个句子写完，于是顺利进入写作状态，之后也会有动力和专注力继续下去。

再比如，很多影视剧在一集结束时，都会制造一个悬念。不知道这个坏蛋最后会不会得到惩罚，好人会不会得救……这个悬念会让你迫不及待地想要知道结果。

这就是**蔡格尼克记忆效应**。人们对于未完成的事情，会有很强的驱动力。

你也可以用这三种方法来帮助自己。

我想提醒一件事：我介绍了许多方法与技巧，但你必须亲自实践，并且锻炼自己养成习惯。

拖延，多半是长期以来养成的习惯。虽然我们的理智大脑知道这是不对的，但感性大脑却不这么觉得。唯一能改变它的方法，就是不断让它看到成效。

所以，你必须为自己积累很多战胜拖延症的经验，通过一次又一次的胜利，向自己的潜意识证明："我可以的！"运用我在这章所分享的这些技巧，结合你自己的实际情况，创造属于自己的模式，每天不断地使用。直到你的行为有所改善时，再回头看以前的自己，你会惊讶地说："我以前怎么会是这个样子？"你会拥有完全不一样的生活习惯和心态。

证明给你自己看，因为"唯有经验真正能够改造你"，希望你也能迈向全新的自己。

第 7 章

强化专注力

学习不分心，效率升一倍

我们在学习过程中，往往是刚开始学习时，注意力会比较集中，一段时间之后，就开始走神，各种思绪飘到脑海里，让你无法集中注意力。

还有一种情况，是你从一开始就没法保持专注，那可能是你很不喜欢或者很不擅长的一门课，于是你心里就有一些排斥；相反，假如是你喜欢的课，你就能长时间地专注，对不对？

心理学家研究发现，人的专注力和很多因素有关，比如你的精力、你的情绪，而专注力本身也有范围和时长的变化。这也就是为什么同一个人在不同时间、不同情况下会有不同的专注力表现。

所以，你需要知道，专注力绝不是单一的一种能力，我们在训练自己的专注力时，也不能只把目标放在专注力本身，而要更多地放在影响专注力的因素上。

比如，通常人们都会认为，专注力受意志力的影响巨大，意志力坚强的人，往往拥有强大的专注力。但其实两者关联不大，比如上一章我们讲过的“及时行乐猴”，它就是影响我们专注力的一个重要因素，但我们并非通过提高意志力来抑制它，而是通过调整心态的设计来和它和平相处。

所以，在这一章里，我会给你讲解更多影响专注力的因素，让你有一些具体的方法来提高专注力，不再把不够专注简单归咎为自己不够努力，或者自己太容易分心上。

影响专注力的因素有什么？

先来做个小实验，请你找到一个计时器，给自己计时。然后看下面的图片，请你用最快的速度读出图片上所有的字，记录一下花了多少时间。

接下来，请你去我的微信公众号“刘轩”，在里面输入关键词“颜色”，获取另一张文字一模一样的图片，再来读一下，记录花了多少时间。我敢说，结果会让你大吃一惊。

为什么会这样？因为，你的大脑正在跟自己打架。

这是一个很有名的心理学实验：史楚普效应。它被用来测试人的大脑抑制“噪声”的能力，换句话说就是“测试专注力”。

当字没有特殊的颜色时，你只需要读出那个字就可以，这非常容易，因为我们每个人都认识这些字。但当你必须忽略字，而要讲出字的颜色时，你的大脑就必须要在两种不同的信

息之间反复切换，此时的你就需要非常专心才能完成。

根据脑神经科学家的研究，当我们专注的时候，需要同时做到两件事：

抑制你不需要注意的事物（Suppression）
凸显你需要注意的事物（ Enhancement）

你要从各种信息里找出值得你专注的东西。例如你在车站等同学，在来来往往的行人中，你要屏蔽“信息噪声”，从中找到同学的脸，这就是“增强”或是“凸显”；同一时间，你的大脑也必须要把所有不相干的人和其他景象全部屏蔽掉，我们称之为“抑制”。

当我们专注于一件事情时，有两件事情正在同时发生，一是要把专注的东西拉出来，二是把所有不相关的东西屏蔽掉，而这两件事情都需要花脑力。

假如你现在正在街头和朋友说话，旁边有着震耳欲聋的音乐声、小朋友的哭闹声、大家的讲话声，你和朋友必须加大音量，才能听清楚对方的话。虽然你听得懂他在说什么，但一定会觉得他说起话来比较累。

接着，你们走到了一个比较安静的地方，很容易就可以听到对方的话，你们两个人就可以专心谈天，为什么呢？因为此时彼此的大脑都不需要多花力气去抑制所有不相干的噪声。而抑制不相干的噪声其实是非常消耗脑力的。

我们的大脑就像所有身体器官一样，它会疲惫，也同样需要能量、糖分、血糖、氧气来维持运作。所以，如果你想锻炼专注力，就要像锻炼肌耐力一般，必须去了解这个原则。

从专注力的这个特点出发，接下来我将从帮助抑制系统运作和帮助凸显系统运作两个方面，分享一些有效的提升专注力的方法。

抑制你不需要注意的事物

首先，我们要帮助抑制系统运作，减少干扰信息。

1. 整理书桌，降低眼前的视觉杂乱

你的书桌上是不是常常会摆满各种图书、笔记本、手办、零食，以及任何你想放在桌子上的东西？花点时间整理，把与当前学习无关的东西都收到一边去，最好只留下你现在学习需要的课本和纸笔。这样的话，你会发现自己更容易专心。

这样做的原因很简单，我们的大脑可以省下力气，不用去抑制一些不相干的信息。虽然你可能会觉得“即使我的桌子乱七八糟，我也还是可以找到想要的东西”。确实有可能，但你每次坐在书桌前，你的大脑就必须同时吸收眼睛看到的所有东西，这时大脑就必须耗费能量告诉自己“这些东西跟我目前要

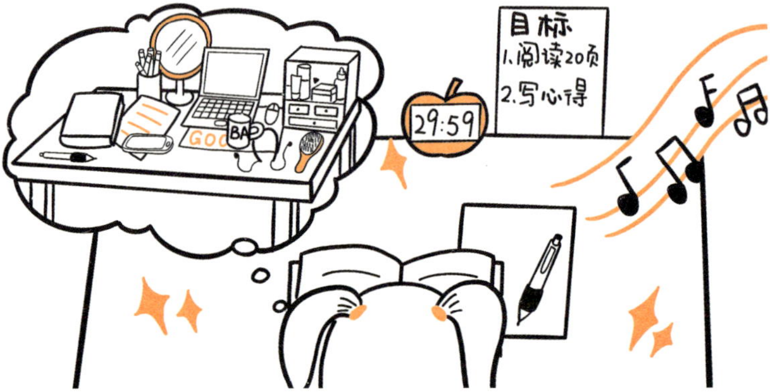

专心做的事是不相干的，所以要视而不见”。而“视而不见”这件事也是需要花费脑力的。

当然也有人会说，曾有报道称：如果你的桌子很乱，表示你具有更好的创造力。的确，有很多创意天才，他们的桌子是非常乱的。通常的解释是，一个缤纷的环境，有可能让你的大脑接收到各种各样的信息，在你的大脑潜意识里绕一圈后，有时候会激发出一个新点子。

但我们要知道的是，学习很多时候并不需要天才的创意。每次你眼睛瞄到身旁的一个杂物，如果都在你大脑里绕一圈的话，那成百上千次之后，你会不会比较疲惫？当然会！

所以，如果你想要保持高专注力、高效地完成任务的话，那就请先把书桌上的杂物全部清空！给自己一个干净、整齐的空间，也更能达到专注的效果。

2. 手机调成飞行模式，或者直接拿走

手机在旁边，总是会有很多干扰，那就动动手指，把它调成飞行模式。光是做到这一点，可能就成功了一半。

在我每一次讲课结束后，都会有很多同学问我："老师，我要怎么样戒掉手机？"其实你不需要戒掉手机，坦白说，你也休想戒掉手机！手机对现代社会的人们而言，是个非常重要的工具，但我们必须要知道怎么把它当成一个工具，而不能让它使我们过度分心。

叮咚，叮咚……任何一个信息或者弹窗跳出来，都会告诉你发生了一些新鲜事。虽然你只是瞄那么一眼，但研究结果显示，光是"瞄一眼"这件事就会造成整个思绪中断，而你要想再绕回到原本的思路上，需要至少两分钟。

所以，非常简单的一步就是拿起你的手机，调成飞行模式，或者直接关机。

还有研究发现：人们光是把手机放在旁边，即便是调成静音，效率也还是比完全没有手机在身边时要更差一点儿。所以，静音不如飞行模式，飞行模式不如关机，关机不如直接把手机拿走，根本不要放在身边！

3. 尝试用噪声掩蔽音乐

我们都知道，如果周围乱糟糟的，人就很难集中注意力，这是因为我们的听觉系统随时处于待机状态，一旦外界传来声

音，听觉系统就会自动进行处理，把这个信息传入你的大脑，再由大脑进行分析和判断，而这个过程就会消耗脑力、分散注意力，导致分心。如果是持续的噪声，那就会持续让我们分心。

那么，假如把自己放在一个完全没有声音的环境里呢？那也未必是好事，因为绝对的安静会让你更容易胡思乱想，脑袋里飞过一个又一个杂念。而且，假如你习惯了绝对安静的环境，当你要在嘈杂的宿舍、教室学习，恐怕就很难静下心来了，而这些环境往往才是我们学习的常态。

那到底要如何做呢？

有一种声音上的现象叫噪声掩蔽 (noise masking)，就是用一个有一定频率的声音，盖过周围其他声音。

举个例子，如果一群同学在旁边聊天，让你觉得无法专心学习，于是你戴上耳机听音乐，音乐盖过了这些同学的声音的频率，就能帮助你阻绝这些外部的干扰。但听音乐不是最好的选择，特别是节奏感很强或有人声歌唱的乐曲，它对你大脑的吸引力太强，还是会影响到你的专注度。

所以，使用噪声掩蔽，最好听一些没有人声，单纯而柔顺的曲子。音乐本身没有非常大的起伏，就不会太影响你的注意力，而更好的是听听环境的声音——白噪声。

白噪声之所以有效，是因为它在人耳能够听到的所有频率里，全都有声响。它听起来很像是瀑布，或是哗啦哗啦的下雨声。想象一下自己历经长途跋涉来到山里，看见眼前奔流直下的瀑布、清澈的水潭。你坐在瀑布旁的大石上，闭上眼睛，除了流水，会感觉身边突然没有了任何其他声音。在雨天的环境里，你也会发觉自己的内心很容易平静下来。

而当你在听噪声掩蔽音乐时，请记得一定要戴上耳机。从音响播放出来并没有太大效用。使用耳机所收到的效果会非常好，你会立刻发现自己进入到了专注的状态。它能阻绝外面的声音，同时不会给你太多信息，也不会影响你的注意力，这是非常重要的一点。

我制作了一段时长近一小时的噪声掩蔽音乐。请关注我的微信公众号“刘轩”，在里面输入关键词“噪声”，你就能收听到这段音乐。

在这段音乐里，我用了非常接近白色噪声的雨声，搭配瀑布的声音，这是两种最容易盖过其他声音的自然音，再加上一个小小的乐器 tambura（坦布拉琴）。它其实是一个古老的乐器，来自印度，我将它微妙地使用其中，你可以听到它很小很小的声音。有这样一个细微变化的声音，更能帮助你放松和专注，可以试试看。

除了降低视觉杂乱，手机调飞行模式，屏蔽周围的噪声，我们还要尽量去除在环境里可能让自己分心的东西，包括房间温度太高或太低、你穿的衣服太紧不舒服等，你可能需要换件衣服，或者开个空调。

所有会影响到你注意力的事情，都必须想办法排除。

甚至气味也可能会让我们分心。如果你今天肚子很饿，又闻到了食物的味道，你觉得自己会专心吗？不会，因为我们大脑原始生存模式的区块会告诉你：现在有食物，赶快去找食物吃。

同时，我们的椅子是否太高、太低，坐姿是否端正，让我们呼吸顺畅，都可以纳入大脑需要抑制的东西，所以我们必须先解决所有会出现的问题，让大脑在学习之外不必额外花力气。

凸显你需要注意的事物

要达到专注，除了抑制不需要注意的事物，还必须凸显我们需要注意的信息。那该如何做到呢？

1. 一次只做一件事

我们先来做一个实验。请你的爸爸妈妈，或你的两位同学，分别在你耳边说话，你看能否同时听明白他们在说什么。

很显然，不能！因为我们没有办法“同时”专注在两条信息上，听明白左耳的，右耳的就成为背景音，反之亦然。所以，我们既不能一心二用，也不要一心二用。

可能有的同学会觉得自己有办法一心二用，甚至可以多项任务同时操作，但那其实不是“同时”，只不过是你在几件事情之间不断地切换注意力，这非常消耗我们的脑力，效率也并不高。

所以，要想提升做事的专注力，我们最好一次只做一件事，而不是多头并进。

例如，在上课记笔记时，你会发现一个现象：

当你专注于听讲时，你手写文字的速度就会变慢，往往来不及记录一些信息；而当你想要把笔记记得非常详细时，你就可能错过老师刚讲的一个重要内容。

这也就是我们的专注力没法兼顾的结果。而真实的情况是，我们不仅上课时要听讲记笔记，搞不好还有同学偷偷递纸条，在桌子下面发短信，看其他科目的东西，那你的专注力会被影响成什么样，就可想而知了。

所以，我们在上课时，要把注意力放在老师讲的课上，跟着老师的思路去理解所学内容，笔记要尽量简化，挑选最精准、最简洁的信息，可能是一两个字或者几个符号，只要自己课后能看明白就行。等课程结束，再整理成比较完整的笔记。前面我们讲康奈尔笔记时，有详细介绍，这里就不再赘述。

2. 运用番茄工作法

你有没有看过 TED 演讲？ TED 这个世界著名的演讲平台，聚集了全世界各领域的精英、专家和学者，他们以演讲的形式分享自己对于某个领域的独到经验或见解，你在网络上搜 TED，就能在线看到所有演讲，几乎每场都非常精彩，而且每一个视频的点击量都非常惊人。

你可能还会注意到一个奇特的地方，就是每一场 TED 演讲都不超过 18 分钟。为什么会这样呢？为什么不让这些侃侃而谈的演说者有更长的时间更充分地进行展现呢？

TED 掌门人克里斯安德森是这么解释的：“因为 18 分钟足够讨论完一个严肃的话题，同时也刚好让观众保持注意力。”

这是有理论依据的。研究结果表明，一个健康成年人平均的注意力长度是 15 分钟，如果演讲时间过长，十几分钟后，人的注意力就会降低，转移到别的地方去，那么，即使后面的演讲再精彩，从脑力上来说，观众已经支撑不住了，效果也会不尽如人意。所以，TED 设置了 18 分钟的演讲时长，并且要求所有演讲者都严格按照这个时间来准备。

我们学习时，专注力的保持特点也是一样，一开始状态非常好，但随着时间的推移，就越来越无法集中注意力。这个专注力的时间长度因人而异，从十几分钟到几十分钟都是正常的，关键在于，当你感到自己无法保持专注力时，要及时休息调整，让脑力得到恢复。

推荐大家使用一个时间管理工具：番茄工作法。

番茄工作法是由意大利人弗朗西斯科 · 西里洛发明的。因为他一开始用的是家里厨房的烹饪计时器，刚好那个计时器是番茄形状的，所以就叫“番茄工作法”。番茄钟的使用方法是设定两个时间段，一个时间段工作，一个时间段休息，交替循环。多数人刚开始练习时，会把番茄时段设定为：工作 25 分钟，然后休息 5 分钟。

如果你手边有厨房用的计时器最好，手机也可以下载各种番茄钟 App。

首先，为自己设定好学习时间和休息时间的间隔时段（我建议学习 25 分钟、休息 5 分钟）。按下倒数计时，并在那段时间内，务必心无旁骛地学习。时间到了，就按照休息时段，让自己休息片刻。以这样的间隔设定，四个循环就是 2 小时。我自己习惯在四个循环之后，再给自己 15 分钟的“下课时间”，让自己有多一点儿时间好好休息。

使用番茄钟有一个很重要的原则：当闹钟提醒你要休息的时候，一定要乖乖休息！你可以起来动动身体、看看远方、喝杯水。虽然你可能会觉得自己精神还好，可以直接延长一轮，但我劝你不要这样！因为使用番茄钟就是要让自己能够有固定的休息时间，维持更久的良好状态。如果你觉得累了才休息，那时候其实精力已经开始透支，之后专注的效率也会变差。专注力可以被训练，但不要逞强！

你也可以用番茄钟测试自己的最佳专注力时长，以 5 分钟为一个阶梯，分别测量自己在 20 分钟、25 分钟、30 分钟直到 60 分钟里，每一段时间内的注意力保持情况，给自己打分，

10 分是最好，1 分是最差。

考虑到专注力受精力和情绪的影响，这个测试至少要进行 3 轮，并且不要在同一天进行。最后，你会得出一个自己保持专注力的最佳时间，比如 30 分钟是最佳时间，那么，在接下来的学习中，你就可以为自己设定 30 分钟的番茄时间，来保证这个时间段内，最好的注意力用于学习。这是基于你自己的测量得出的结论，可能不会特别精确，但对于提升学习专注力，已经足够有参考价值。你也可以试试，找到最适合自己的间歇长度。

3. 提前设定明确的目标

想要保持专注，就要提前设定清楚且明确的目标。例如我明天早上起来，第一件事就是读十页书，或是背十个单词，这会预先通知你的大脑，要为自己做好准备。尤其当我们睡了一觉，意志力、耐力跟专注力都比较充足的时候，我们就可以直接去做这件事情。

若没有这样的目标，通常会发生的状况是，你一觉醒来，第一件事情就是打开手机，刷刷抖音，看看微博或者朋友圈。而当你真正想开始你该专注的事情时，宝贵的专注力已经流失了很多。

所以，要提前设定好明确的目标：明天我要做的第一件事情是什么？

4. 给自己一个仪式感——3，2，1！ Action！

我有一条提升专注力的独门秘籍，在此分享给你。

那是我在拍电视节目时，无意中发现的技巧。在拍节目时，当所有事情准备就绪，会有一个人开始倒数："五，四，三，二，一……"然后拿着板子，在镜头前面"咔嚓"打一下。

我刚开始主持节目的时候，觉得很奇怪。每一次我都准备得非常完善，但是，一听到那个打板声，我大脑中就会立刻变成空白，讲不出话来了。这件事情困扰了我很久。不知道为什么，每次一听到这个打板声，我就进入另外一种大脑模式。

渐渐地，我克服了对打板的恐惧。每当听到打板声，我反而打起精神来，开始对着镜头讲话。但这时候，我的大脑的确会进入到一种非常专注的模式，仿佛那个打板声是一个奇特的开关，让我的大脑快速排除让我分心的事情。

后来，我就拿自己做实验。我的实验非常简单，就是打开手机，开启计时器，说："好，我接下来要开始专心工作了。三，二，一！"然后按下开始键。

我发现，光是这一个小动作，就能启动我的潜意识，告诉自己要开始专心工作。我在我的小孩千千和川川身上重复这个实验，发现也很有效。

比如我叫他们整理房间地上的玩具，如果只是叫他们整理玩具，可能半个小时之后，他们还在地上玩，因为他们会玩玩具分心。后来我拿出手机，打开计时器，说："好，我们现在要开始整理房间，我看你们多快能做好。来，你们自己按下开始键。"

他们一按下去，看到那个时间跑的时候，两人竟然就变得非常专心。会不会分心？偶尔还是会，但我真的发现，光是这个启动的仪式，就非常有效果。

你可以试试看，利用这个打板的仪式告诉自己："现在需要专心了。"

提升专注力的三个问题

在每次开始学习之前，请你问自己以下三个问题。

1. Where

我的环境是否有助于自己的专注力系统运作？如果答案是不能的话，用我刚才分享的方法来改变你的环境。

2. How

我有什么明确的方法，可以帮助自己专心，帮助我的凸显系统正常运作？包括定下明确的目标、时间，并且给自己一个启动仪式。

3. Why

这是一个最核心的问题，我们也要常常问自己："我现在学的东西，为什么重要？我为什么必须学习它？"

你要常常问自己这个问题，无论是出于理性还是感性，甚至是潜意识，那就是你内心的驱动程序，所以你必须尽量回答这个问题。如果你根本不知道自己为什么要学这个东西，那你怎么可能专心？

就像你爱打游戏，当你碰到一个游戏达人，他能够告诉你如何去打通关卡，你会不会专心听他说话？保证会！为什么？因为你知道自己想做这件事。同样，我们在学习的时候，要常常反问自己："为什么？为什么我们今天学习这件事？"这是很重要的一点。

这里，我想引用一句我很喜欢的格言："当你先搞懂为什么要做，就不会苦恼于如何去做了。"

如果你有一种很强烈、很深信“为什么学”的信念，你就能去忍受伴随学习或练习而来的疲惫与苦闷。就像今天你想打好网球，想练好一种乐器，你会为了这个目标不厌其烦地练习。但如果你内心并不信服，那么再多专注力的技巧对你而言也是无济于事。

当你心中有强烈的认同感，并且有动力去学习一件事情，那么专注力本身就不会是问题。你需要经常思考：我现在正在做什么？我为什么在抄黑板上的这一行字？老师为什么会说这段话？同学间讨论的这个话题，为什么我必须要了解？

如果你能用心去问自己，我正在做的这件事情有什么意义，它就能帮助你进入到另一种状态，让自己更有动力去选择想去学习的事情。不只是上学阶段，即便你毕业之后，进入社会工作时也会需要这种能力。

21 世纪的人才绝对是需要终身学习的人，用心才能专心。我们这一辈子都要不断去学习新的知识，你必须要知道自己感兴趣的是什么，找到这个兴趣，才能找到动力，专注力自然就会伴随而来。

第8章 时间管理术

你要管理的并不是时间

有这样一句流传甚广的名言:“时间最不偏私,给任何人都是 24 小时;时间也最偏私,给任何人都不是 24 小时。”

听起来有些矛盾,却道出了我们使用时间的效率是因人而异的。同样是一天 24 小时,有的人可以娱乐学习两不误,还能睡个美美的觉,有的人却忙得焦头烂额,把事情拖到第二天才能完成。

不瞒你说,前面这种“大神”,我见过一些;而后面这些“学渣”,就数不胜数了,不幸的是,我也曾是其中一员。前面讲过,刚到哈佛时,我踌躇满志,信心满满,觉得自己一路做学霸过来,区区学习根本不在话下,结果仅是一门课的阅读书单,就把我打翻在地,好久都爬不起来。

其实不光我,很多刚入大学的新生,都会遇到同样的情况。原因大致有两个。

第一,大学生活真的是丰富多彩。各种五花八门的课程,各个如雷贯耳的教授名字,还有各种活力满满的社团,每个都那么有吸引力。每个社团都想参加,以至于一时贪心,全部报了名,结果把时间都安排满了。

记得我当时参加了好几个社团——旅游杂志社、亚洲学生会、一个给低收入家庭的孩子教艺术的公益社团,还在学生电台当 DJ，可想而知，除了上课之外，还能剩下多少时间学习呢？

想要兼顾社团，就得占用学习时间，想要学习，就得在社团之外再找时间，于是，睡眠时间就被占用得越来越多，这就是不懂得规划时间的后果。为什么不懂呢？这就要说到这第二个原因了。

第二，其实在上大学之前，绝大多数同学，包括学霸们，时间都是被老师和家长安排好的。什么时间做什么事，什么时间复习什么科目，都有比较明确的安排，于是，大家只要按部就班，照着时间表做就好了，什么都耽误不了。

但是，在大学里，没有人会为你提供这种“保姆式”服务，你需要自己做主，什么时间学习，什么时间休息，都由你自己来决定。所以，你如果一直很自律，就能管理好自己的学习和生活。反之，你就会非常吃亏。

有的同学甚至被这种看似“自由”的生活卡住了，根本不知道该怎么安排事情的优先顺序，有时候困在房间里一天都出不来，因为有做不完的功课！

我当时也是过得非常艰难，每天睡眠不足五小时，常在课堂上打瞌睡，但又想参加晚上的派对，又得保证把作业做完，于是不得不熬夜。打瞌睡，参加派对，熬夜……就好像踩进了烂泥潭里，往前迈一步，又往后滑两步，越努力，越下沉，恶性循环。

最后，伸手把我拉出泥潭的，还是我的好舍友——学霸 Joe！

他说："轩，你不能和你的身体作对！"

一语惊醒梦中人！

想想也觉得奇妙，一直以学霸自居，把很多时间用在学习上的我，反而是从 Joe——这位把多数时间用来跑步的运动达人身上，学到了时间管理的关键之处。

我后来理解了，因为人一天的体力是有上限的，对于像 Joe 这样的运动员，他每天都要早起去训练，然后吃个早餐去上课，所以，什么时候要做功课、什么时候要开始复习、什么时候要休息，他都必须安排好，才能保证自己的体力分配到不同事情上，并且能把事情做完。

所以别小看学校的运动员们，他们最能明显感受到体力的变化，因此最懂得安排时间来做事，个个都是时间管理的高手！

"你不能和你的身体作对，你要让各个时间段发挥它该有的力量，而不是在错误的时间去透支它的潜力。"

这是 Joe 教会我的时间管理之道。后来，在学习心理学的过程中，我找到了这个方法的科学依据。

你是否有足够的心理能量？

准确来说，体力是其中一个要素，在学习上，更重要的影响要素叫"**心理能量**"。这个概念最早是由心理学大师弗洛伊德提出来的，他认为我们的自我是基于持续的心智活动而产生的，而这些心智活动都会消耗我们的能量。

比如说，你一天的心理能量，就像手机电量一样，充满了有100%。当你上了一天课，回到家之后，电量可能只剩下20%，这个时候，你再去学习，就会感觉有点力不从心。“低电量”还会导致你的自控力降低，使你更愿意去做看动漫或玩游戏这些消遣活动。在日常生活中，我们通常会把心理能量理解为“意志力”（虽然这二者并不等同，但有助于你理解），心理学家罗伊·鲍迈斯特教授研究发现，“意志力”是一个有限的能量系统。所以，你当下的能量还有多少，决定了你还能做多少事情，还能有多少效率。

这给了我们一个重要启示：既然每天的心理能量是有上限的，那我们就应该好好规划，好好分配。如果一天中参加社团、看动漫、和朋友聊天等活动，已经消耗了很多能量了，那么，留给学习的能量自然不会多，学习效果必然受到影响。

所以，在制订任何学习计划，或者参与某项活动之前，我们应该提前评估，在此期间，我是否有足够的心理能量，分配给以上这些活动。

比如，你想报名参加一个演讲比赛，需要花时间来做准备。但与此同时，你还要复习，准备期末考试，那么，必然是“鱼和熊掌不可兼得”的局面，从学习效率的角度，演讲比赛就需要从这段时间的安排中拿掉。我们还要注意到“转换时刻”所造成的能量消耗。比如，放学回家了，你本来想做作业，但恰好有一场精彩的比赛，里面有你喜欢的球星，于是你决定先看比赛，再学习。

但当你看完球赛后，却发现自己太兴奋了，虽然坐在了书桌前，却久久不能平静下来，于是浪费了好一阵子，才能安心做作业。

这种情况在我们的生活中常常发生。比如早晨要上学了，才开始手忙脚乱地收拾书包，最后迟到了。快要进考场了，却还在和同学讨论动漫和八卦，于是迟迟进入不了考试状态。

如果不从这些细节上去留意，找到原因，很多时候我们就会奇怪：“唉，我怎么这个没做好，那个又耽误了？”觉得自己的时间管理或自我管理能力很糟糕。

但其实你可以多加留心，把生活中这些“转换时刻”找出来。上学之前，会有哪些事耽误时间？晚上有功课，放学后还要不要去打球？睡觉之前，可能有哪些事会耽误就寝？提前思考自己的日常安排，把不必要的时间和能量消耗拿掉，你就能以更好的状态来做那些重要的事。

所以，从心理能量的角度来说，所谓时间管理，要管理的就应该是自己的体力和精神，让它们以饱满的状态，在特定的时间内充分发挥，而不是反过来，在某段时间内要求自己必须高效率——比如熬夜学习，就是时间管理的噩梦。

了解自己的精力曲线

讲到这里，你可能会有不同意见：我很少参加社团，在学校里也没有特别多的活动，基本上一整天都在学习，我的心理能量都用来学习了，但还是常常感觉效率挺低，甚至学不进去，这是怎么回事呢？

问得好！很多人都有这样的苦恼，全力以赴去学习，把一分一秒的时间都榨干，却发现效率时高时低，结果并不是一分耕耘就有一分收获，这是为什么呢？

让我来揭晓答案吧。

那是因为每个人都有自己的一条精力曲线，它会随着时间高低起伏。也许你见过股市的折线图，精力曲线大概也就是那个样子。

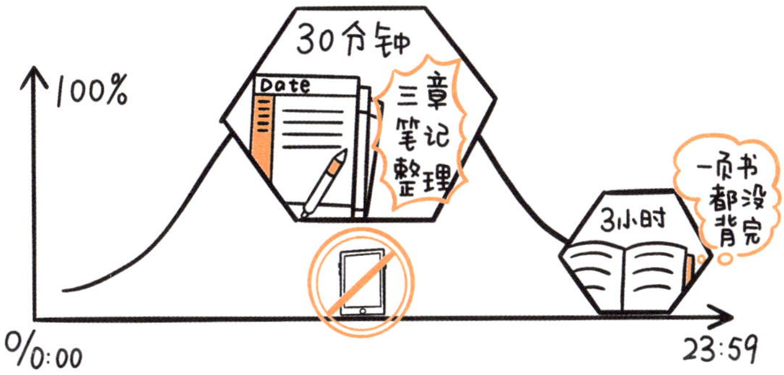

精力曲线

通俗来说，精力曲线的变化，就是一天中，我们的精神头儿的变化。比如早晨起来，你的精神头很足很饱满，学习效率很高，这代表你的精力曲线在一个高点上；到了下午，你有点蔫蔫的，看书也看不进去，就说明你的精力曲线到了低点。

精力曲线上的每个点，就代表了在这个时间点，你是否有足够的心理能量投入到当前的事情上。能量足够，效率就高；能量不足，效率就低。

但请注意，这条能量曲线是因人而异的。我们通常觉得早晨和上午精神最好，到了下午就犯困，晚上精神又好一些，但并不是每个人都是这样。有的人早晨最精神，效率最高，专注力也最好，到了下午逐渐变差，这时候保持专注力就比较难，效率也差。有的人却相反，早晨起来迷迷糊糊，到了下午精神来了，然后晚上是效率最高的。

尽管每个人的精力曲线都有差异，但有个共同点就是：在精力曲线的峰值，你会觉得很有精神，很有干劲；等到了波谷，就会注意力不集中，甚至脑子蒙蒙的。

所以，有时候你觉得自己无法专心，没法集中注意力在眼前的事情上，思绪动不动就轻松飘走了，就可以去检查，看看自己是不是到了精力曲线的低谷期。

了解精力曲线，对于我们的时间管理有什么用呢？

当你了解了自己在一天中的精力曲线分布，就可以合理利

精力管理表

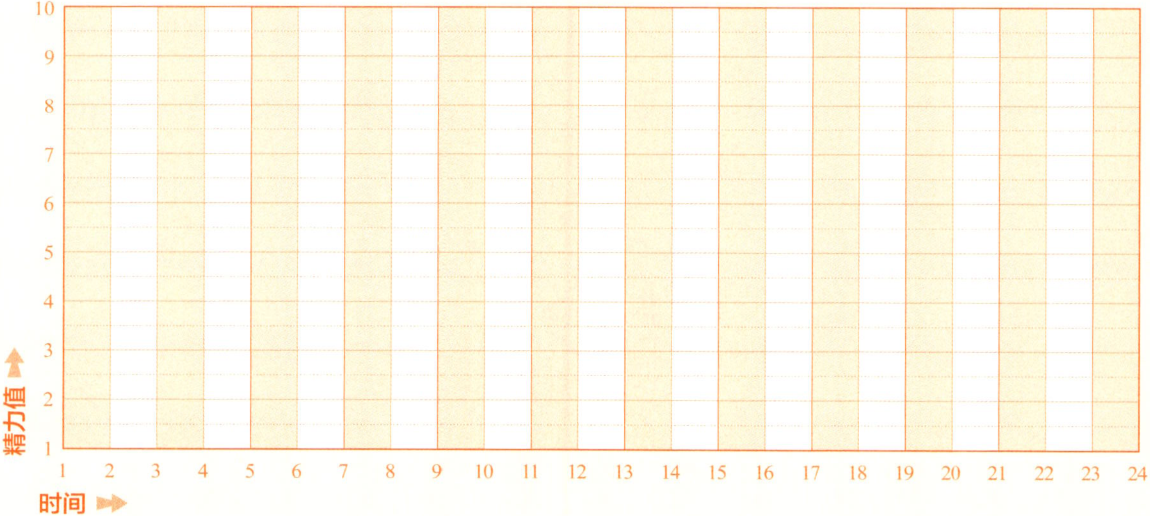

精神高点	我在这个时候应该做的事

精神低点	我在这个时候应该做的事

用时间，来帮助自己提高效率啦！比如精力曲线处于高峰的时候，就让自己多学习一些，精力曲线处于低谷的时候，就尽量做不费脑子的事情，听听音乐、运动健身、做做家务等。

那要怎么测量出自己的精力曲线呢？

方法很简单！只要设定一个闹钟，让它每个小时响一次——当然了，睡觉时不用这么做。每当闹铃响的时候，你就记录下自己的精神状态，10 分为最高，1 分为最低。

这样测量一天后，你把每个小时的记录连成一条线，那就是你的精力曲线图，就能够看到你的精神什么时候最好，什么时候最糟。在安排学习时间时，就会更加精准地知道哪段时间是效率最高的。最好能连续记录 3—5 天，这样得出的结果会更准确。

为了方便你记录，我做了一张精力曲线的标准表格，你可以找时间画出自己的精力曲线图。

现在，你已经理解了心理能量和精力曲线的奥妙，我相信你对时间管理已经有更深一点儿的认识了。充分利用我们的生理节律，让自己保持充足的心理能量，同时在最适合专心学习的时间来学习，那么，对于提高学习效率自然事半功倍。

而且，当我们意识到学习效率和生理状态密切相关时，也就可以有意识地调整一些行为方式。比如，当感觉到自己精力不够好、注意力不集中时，那很有可能是到了精力曲线的谷底，这个时候就不要再强求，可以休息一下，或者出去走走，过一段时间再继续学习。

学习时间越多，学习的效果就越好吗？

并非如此！因为只有在心理能量充足，精力曲线在高点时，我们的学习效率才会更高。这个时候，哪怕只是半个小时的学习，也抵得上几个小时低效率的学习，反之就“只是看起来很努力”罢了。

我们不是机器人，不光我们的精力、体力是有限的，我们的脑力、记忆力也是有限的，不可能无限制地投入到学习上。

如果没有好的学习习惯、好的时间管理，当我们在学习上投入太多时间，觉得自己付出了很多，但是效果却不尽如人意，是不是就容易怀疑自己、否定自己，觉得自己就不是学习的那块料？这种感觉就太糟糕了！

所以，想要成为一个时间管理的高手、提升学习效率的高手，先要做一个掌管自己精力的高手。要学会给自己做减法，减少自己在琐事上的时间和精力投入，减少外部环境对自己的干扰，减少在精力低谷期的学习时间投入，把自己的精力充分用到学习上，而不是其他事情上，这才可以称之为学习上的“自律”！

当然，对一些人来说，这样做调整会非常不适应，因为没有那么多时间投入到学习上，会让人非常没有安全感，觉得自己好像没有好好学习，但从学习效果上讲，当你这样去管理自己的学习时间，你会发现不仅学习效率提高很多，而且会有一种明显的掌控感。这才是好的学习习惯，特别是当你到了中学，或是进入大学，有太多的功课要学习，太多的活动要参加时，这种对时间的掌控感，会让你既能够钻进知识海洋中大快朵颐，也不会错过缤纷美好的校园生活。

睡眠也是一种学习技能

从心理能量的角度，我必须说，一定要重视晚上的睡眠，把它的重要级别调到最高！因为它可以从根本上补充你的心理能量。

有时候，因为不好的学习习惯，或者为了追赶复习进度，我们会熬夜学习，来弥补白天时间的不足，觉得少睡一点儿没问题，甚至因为多得了一些时间，有弯道超车的快感。

但是，你要知道，当你从睡眠中榨取更多时间，你第二天的效率必然会直线下降；当你的心理能量长期处于较低的状态，也必然引发持续的低效率状态。这对于全天的学习效率来说，其实是一笔糊涂账，很不划算！

而且，从大脑的工作方式来说，晚上睡觉时大脑仍然非常活跃，会循环进入几种不同的睡眠模式，有时候甚至比清醒的状态更加活跃。当它进入慢波睡眠期，大脑会重现人在清醒时获得的信息，并对这些信息的记忆进行巩固，从短期记忆转化为长期记忆，这有利于我们对知识的沉淀和理解。

我们也知道，科学史上，有不少科学家在睡眠中获得灵感，从而实现重大突破，这就是大脑在睡眠时进行了信息的重新处理所引发的现象。

如果我们不了解大脑在睡眠时的工作模式，一味地占用睡眠时间，那么，就相当于不仅放弃了补充体力、脑力的机会，还放弃了让知识和信息在大脑中再次加工的过程，这对于深度学习来说，也是得不偿失的。

身为一个曾自认为不可救药的“夜猫子”，我必须说：“如果你长期通宵熬夜，长期占用自己的睡眠时间，那就等于在跟自己未来的健康贷款，这个债终究是要还的，而且利息极高！”

所以，认识到睡眠的重要性，给自己规律的睡眠，是每一个学生都要掌握的学习技能——没错，我把睡眠归到学习技能里！

改善睡眠有方法

睡眠有很多显而易见的好处，而且都被科学证实了，比如清理大脑垃圾，提高免疫力，增强记忆，还能帮你控制体重，降低很多疾病（比如老年痴呆、心脏病）的患病风险，但有着多年睡眠经验的你，睡眠质量怎么样呢？

一提到睡眠，很多人会想：不就是洗漱完毕，到床上躺下睡吗？事实也确实如此，多数人也就这么去睡了，没有人觉得有什么问题。

问题在于，此时你的身心是否准备好要入睡了呢？正如前面讲到的“转换时刻”，此时也正是一个重要的时间转换点。如果睡前你因为运动、看电视或和朋友煲电话粥而过于兴奋的话，那么即便你躺在床上，也会久久难以入睡，那么睡眠质量自然受影响。更常见的一种情况是在准备睡觉时，我们脑中还有很多“悬而未解”的念头在处理，比如：刚看的那篇小说，接下来情节走向会是怎样？明天早晨要穿哪件外套？明天就要考试了，可是还有很多题没刷完怎么办？……

这些悬念在脑海里此起彼伏，不仅消耗时间，有时候你还会不由自主随之而去，浮想联翩，神游四海，结果就失眠了，第二天醒来头昏脑涨，直接影响了整天的状态。

所以，我建议大家一定要养成好的睡眠习惯，按时作息，还要调节好睡前的身心状态，让每次的睡眠都有质有量！

想要做到这一点，比较重要的是睡前 1 小时的安排。要在这一个小时里，逐渐让身心安静、平稳下来，减少对大脑的过分刺激，从而更加容易入睡，睡着后也有更好的睡眠质量。

比如，在睡前这段时间，不要看容易让大脑兴奋的影视剧、节目、动漫、小说或球赛，如果有睡前阅读习惯的话，可以读一些能让情绪平静的美文。当然，更不要听过于刺激的音乐，和缓的、温馨的纯音乐是比较好的选择。

如果睡觉前的这段时间主要是在卧室里活动，那就调暗灯光，拉上窗帘，这样不仅制造出要入睡的氛围，也会有为一天收尾的感觉，让身心放松。

如果睡觉前处理了很多脑力工作，脑子里悬念、杂念比较多，可以找一张纸，脑子里有什么念头，就随手写下来，一直到写完为止。这个方法叫“**大脑清仓**”，会帮助清理大脑的思绪，释放空间，从而更加轻松地入睡。我在后面章节有详细介绍，这里就不再多说。

还有，睡前尽量不要做剧烈的运动，避免因身体过于兴奋

而无法入睡。当然，这也因人而异，有的人反而是运动后更好入睡，所以这里就需要自己来把握。

总的原则是：睡前一小时，减少对大脑和身体的过分刺激，并且创造更有利于入睡的环境，就能够帮助你舒缓身心，更易入眠，睡眠质量也更高。

好的睡眠，一定是有充足的睡眠时间来保障，这一点不用多解释。但我要特别提醒的一点是，有的人认为早晨时间很重要，于是努力早起，想把一些学习任务安排在早上，还有的学习圈子，会以早起为荣，相互比拼谁起得更早，谁在早晨做更多功课。这本来没什么问题，但常出现的一个错误状况是：为了早起而早起，甚至在前一天晚睡的情况下，还要早起，结果因为睡眠不足，效率也变低了。

说实话，对于早起这件事，我也犯过类似的错误，倒不是因为早起而睡眠不足，而是我发现早起是一件很难的事情，一度自我怀疑是不是自控力太差，太不上进了，有段时间经常踩着上课铃声进入教室。

但在早晨，我实在是挣扎不起来，就像被封印在床上一样，直到我的学霸舍友 Joe 再次出现，拯救了我，他说：“轩，如果你想要早起，方法很简单，晚上早点睡。”

Joe 送给我的这句金玉良言，我也送给正在读这本书的你：“同学，如果你想要早起，方法很简单，晚上早点睡。”

利用计时器，合理评估学习时间

最后，我想和你聊聊，从时间管理的角度，如何制订一个合理的学习计划。

常言道："计划赶不上变化。"在学习计划上，我想这是绝大多数人都遇到过的状况。当我们开始列复习计划、学习计划或写作计划……一开始都信心满满：我一小时做完作业，然后就可以读某本小说；我用三天复习完某几章，接着再用一天做个大整理；我每天会安排半小时来读英文……

但当计划落实起来，要么是作业怎么都做不完，要么学习超出预定时间太多，要么，就像前面讲的，拖延症犯了，拖了一堆，到最后心急火燎。

于是，我们想要的和我们能做成的，就出现了很大的偏差。为什么会这样呢？是个人能力问题，自制力问题，还是我们的计划太理想化了？

先别急着否定自己，让我们一起聊聊"时间"这件事——以"时间管理'为主题的本章，到了这里，终于开始正式讨论时间了！

你觉得时间是什么呢？如果没有钟表、没有手机来计时的话，你感受到的时间又是什么呢？

我请你做一个小测试。拿出一个计时器（手机里有很多这种 App），设定一个 5 秒钟的计时，然后你跟着数字变化来数：

一，二，三，四，五。接着，再来一次，但这次按下开始键之后，不要看它，数 5 秒，然后同时按停，再看看计时器上的时间。

会有一点儿误差，是吧？如果我们不看计时器，几乎不可能完全算准 5 秒。你可能觉得这个误差不算什么，但当这个误差乘以一整天里好多不同的决定，好多需要安排时间的事情，累计下来，误差就大了！

这种靠自己的感觉来判断时间长短的能力，叫“相对时间体感”。

它有一个很大的问题是，如果没有钟表作为标准参照物，就会变得很不准，基本上你所感觉到的时间长或短，完全取决于当时在做什么事情。比如当你在看一场电影，或者玩一个好玩的游戏，2 小时都会觉得短，但如果听一堂不喜欢的课，读一本不喜欢的书，10 分钟都嫌长。

所以，重点来了，当你在制订计划、开始学习时，有没有考虑自己的时间体感呢？当你安排了 2 小时来复习功课，是否实际上需要花 4 小时？

问题在于，我们往往并不了解自己的能力和时间的匹配关系，导致我们的时间体感并不准确。

就像有一次，我看到我的女儿千千要做一张试卷，我就问她：“你觉得要花多长时间能完成？”她说可能要半小时。过了一会儿，她做完了，我就问：“你觉得花了几分钟？”她说：“可能有二十五分钟。”然后我们一起看表，真实的时间是四十五分钟。她很惊讶，感觉在卷子上花了二十五分钟，其实花了四十五分钟。

我想要做的和实际能做成的，这其中的偏差，就是我们在时间管理上屡屡失败的原因之一。所以，当我们开始列学习计划，首先要把每一件事所消耗的时间，尽可能准确地评估出来，这会让我们对时间的掌控力大大提高，更加顺利地完成学习计划。

如何评估呢？你可以用计时器，常常记录自己的学习时间，做作业用多久，背诵课文用多久，复习一个章节用多久，做一张试卷用多久……记录得越多，你对自己的时间体感就越准确，当你制订学习计划时，就不会好高骛远——我们往往会高估自己的能力，而这最终会导致拆东墙补西墙，计划失败！

或许你会说：我就是想要在短时间内完成学习，想要提高效率，而不是在我的正常水平去学习，那样怎么来得及复习完？怎么来得及写完作业？

但是，我必须说，我们必须正视现实，正视自己的能力。事实上，在自己能力范围内做事，才能够保证最高效的产出。如果我们在制订学习计划时不考虑自己的学习能力，那就变成学习上的“掩耳盗铃”了。

所以，如果你发现自己常常完不成学习任务，或者每次都花了更多时间，这就说明你要么低估了完成这件事所需要的时间，要么，你设定错了目标，让过高的目标透支了自己的时间。这都需要你重新制订自己的学习计划。

使用 SMART 法则，制订你的学习计划

在制订学习计划上，我向你介绍一个很好用的方法。这是由管理学大师彼得·德鲁克所提出的，主要用于企业的绩效管理，但是在学习上一样适用，而且非常好用。这个原则，就叫SMART，也就是英文“聪明”这个单词。

SMART 中的五个英文字母，代表了五个重点——

S，Specific，你的目标要够具体。

M，Measurable，你的学习进度要能够被衡量。

A，Actionable，可以付诸行动。

R，Realistic ，你的目标需要考虑到现实状况，而不是在过度美好的假设中。

T，Time-bound，要有一个完成期限。

举例来说，你的弱科目是英语，你打算用半年时间提高一下英语水平。于是，你制订了下面这个计划。

目标：用半年时间提高英语水平。

如何做：每天拿出半小时学习英语。每周做一套英语试卷。

我们平时做学习计划，是不是常常就是这样？看起来似乎没什么问题，但实际执行起来漏洞百出，而且很容易半途而废。这是因为这种列计划的方式，更像是提出了一个愿景，而不是做了一个实际能执行的计划。

从 SMART 的角度来说，首先，Specific，用半年时间提高英语水平，到底是提高到什么水平？听、说、读、写、译，都代表了英语水平；考试成绩，也代表了英语水平，所以到底是哪个呢？学习目标一定要具体，我们不如改为：用半年时间，记住课本考纲要求的 1000 个单词，或者，能够无障碍听懂课本上的所有英语音频。

Measurable，每天拿出半小时学习英语，这里只有行动，没有对结果的要求，也没法确定这半小时到底学什么，是做习题还是背单词？不如改为：每天上午背 20 个单词，这就是一个能测量的计划，让你发现自己的努力是否有效，自己的水平是否在提高。

Actionable，任何学习都需要行动，光有想法是绝对不行的。所以，想要实现学习计划，就要有具体的行动。每天拿出半小时学习英语，虽然也是一个行动，但并不具体，不如改为：每天晚饭后半小时，专门用于学习英语，一三五背单词，二四六练听力。这就非常具体，每天都知道要做什么，不至于每天要学习时，还要想“我现在学什么”。

Realistic，计划要有现实性，不能好高骛远，要考虑到自己的学习能力和时间安排。如果每天已经很忙了，很难拿出半小时学英语，那就不能设定半小时的学习时间，因为大概率每天都无法实现，造成计划失效；如果你的英语很差，可能要先巩固基础，把去年的功课重温一遍，而不是开拓新的学习材料，自不量力在学习计划中是绝对不可取的。

最后，Time-bound，要有一个完成期限，不能没完没了地去做——那样看似持之以恒，实际上是放松了学习要求。所以，如果要用半年时间提高英语水平，那么这半年就得要把计划中的所有目标都实现。你不能随意制订计划，要综合考虑你的时间、精力、学习能力，这样制订出来的计划，才有成功完成的可能性。

当你能够这样用 SMART 原则来制订学习计划，你会发现时间开始变得可控，你的学习进度也变得可控，虽然你可能落后于大家的进度，或者离理想中的自己还有一段距离，但这种可控性会让你知道自己走在正确的道路上，早晚有一天你会到达目标，也能让你避免陷入“总是在学习，却毫无成就感”的迷思。

劳逸结合，给自己一点自由空间

时间管理和自我管理高度相关，在前面几章我们讲了拖延症、专注力等，都可以和时间管理形成呼应。所以，时间管理并非孤立的一种技巧，而是综合各个要素的结果。当你能够把它们形成联动，形成好习惯，会收获很好的学习效果。

但我也要说，执行这些方法的是人，人每天的状态有好有差，事情也有轻重缓急。我们不是电脑，不是人工智能，无法严丝合缝地一直按照程序进行下去，每天的事情总在变化，时不时就会有突然的打扰，让你无法执行原有计划。所以，即使是时间管理高手，也不是把日程安排好，就能够顺利完成所有事情。

了解了这一点，我们在进行时间管理时，就要留有余量，不要把所有事情都排得太紧。这样，当你无法按计划完成目标时，你还有回旋余地，可以补救。

另外，对学生而言，学习当然是重中之重，但也不要忘了，你还有自己的生活，有喜欢的书，有兴趣爱好，有想要关注的人和事，而且生活也要有节奏，要劳逸结合，才能够保持好的状态，走得更远更好。

所以，不妨在时间管理中，给自己留出一段时间，哪怕每天只有十几分钟。在这段时间里，你可以做任何你想要做的事，就算是休闲娱乐，也不必有罪恶感。

你也可以把这段时间作为学习的奖励，特别是当你每天都紧张地学习，内心充满了学习压力，这一点点自由时间，会让你浮出来透口气，让你的心理恢复弹性，不至于太紧绷僵化。

人的一天只有 24 小时，但一年有 365 天，只要计划得当、安排合理，你总能够把该学的学好。时间管理是一种方法，其关键在于持之以恒。积跬步，至千里；积小流，成江海。每日的小小改善和坚持，终究会累积成了不起的收获。

第 9 章

情绪自控力

不会管理情绪，学习力迅速崩塌

情绪和学习有关系吗？我们很容易想到，心情不好时，上课就老走神儿，闷闷不乐地想自己的事；情绪糟糕时，脑子里乱成一团，甚至什么都不想做，那当然会影响学习了。

但情绪对学习的影响，可不止于此！心理学研究发现，我们的身体和心灵（大脑）其实是一整个系统，会相互影响——以往我们认为大脑主控一切。

心情好的时候，我们做事更有动力，体力、耐力也会增强；心情不好时，连消化系统都会放缓工作。反过来也一样，身体感觉糟糕时，心情也会糟糕。

我们知道学习是一个系统工程，那么情绪所影响到的，简直就是这个工程的方方面面！地基不稳，大厦将倾！所以，对于学习中的情绪管理，怎么重视都不为过！

哈佛的白房子

我在哈佛大学读书时，学校里甚至有一个机构专门负责帮助学生调整状态，以适应大学的学习生活，其中很重要的部分就是管理好自己的情绪状态。

这个机构跟我的大学宿舍在同一条街上，是一栋白色的木头房子。跟哈佛校园里其他的百年红砖楼房比起来，它看起来朴素又不起眼。

大一的时候，我常常路过它，看到有不少学生进进出出，当时也没有特别留意。

等到了大二，功课越来越繁重时，才听说原来这栋白色小房子在学校里非常重要。它的名字叫 Bureau of Study Counsel，直译就是学习咨询局，我们都简称它为 BSC。

这个机构成立于 20 世纪 50 年代，是全美最早的大学心理咨询机构之一，它的主要工作就是给哈佛的学生提供个人成长的辅导、学习的策略等。

你可能要问："能考进哈佛的学生已经很厉害了，还需要个人辅导吗？"当然了！你看看我在刚进入大学时的那种窘状就知道，学习咨询局就是为我这样的学生准备的呀！

我们要破除一种迷信——名校的学生各方面能力都超强。就算是学霸，也不一定有最好的学习习惯，未必能够在大学中照顾好自己，也会受很多因素影响。

我身边就有一些同学，他们在原先的学校都是学霸，甚至是以高中第一名的身份毕业进入哈佛的，但没过多久，他们就莫名其妙地变得情绪低落，甚至有抑郁的倾向。有一次听朋友说，他认识的一个学霸，突然有一天就情绪崩溃了，待在房间里不想出来，不想上课，甚至不想吃饭，这是为什么呢？

很多人虽然看似一路顺风顺水，平步青云地来到哈佛，但其实有各种各样的心理压力和问题。

比如，有的同学在以前的高中“称王称霸”，但到了哈佛，身边突然有了太多厉害的人，一时无法适应，感到自己没了竞争优势，于是心态崩掉。

有的同学，从小就被命令做这个做那个，一切都是为他们安排好的，甚至是被父母老师逼着一路走过来，于是他们害怕做错决定，到了大学这种必须自己做主的地方，就完全不知所措，水土不服。

有的同学是近乎病态的完美主义者，永远对自己的学习不满意，永远觉得做得不够好。以往在高中，所学的知识总量不大，这种完美主义是有帮助的，但到了大学这种开放系统里，真的是学海无涯，于是便让自己背负了无限变大的沉重负担。

有的同学从小就生活在父母的严厉教育下，从来不曾有机会，也不敢表达出自己的不悦，他们把自己的这些不开心、不舒服的感觉压抑在心里，不断拒绝自己内心的感觉，到最后他们都不知道自己真正想要什么了。

还有的同学因为家庭不幸福或者个人的一些特殊状况，无法照顾好自己的身心健康，也无法控制自己的情绪，还有的同学每到季节转换时就容易轻度抑郁——俗称季节性抑郁症，严重的甚至要休学一年。

他们中有一些会来到 BSC 接受帮助和辅导。在大学的四年中，我也曾走进 BSC 好几次，每次去都是因为自己的心情影响了学习，但又很难控制，把自己搞得更焦虑。从我当时在 BSC 里看到的面孔，我猜想，大部分去那里的同学，也是差不多一样的处境。

那里的辅导员相当有耐心，也很有经验，毕竟年年有络绎不绝的学生来找他们，他们见过各种状况。我从他们那里学到一个很重要的原则：当我们要好好学习时，不得不做好情绪管理；而想要做好情绪管理，第一件事，就是学会聆听身体和内心的声音。

当你面临一个重要考试时，感到压力很大，很烦躁，或者很疲惫，这就是身体给我们传递出来的信号，但往往我们会怎么做呢？我们第一反应是逃避这些负面感觉，跑去打游戏，或者做一些娱乐消遣活动，来避免自己面对这些身体的信号。

可是逃避并不能解决问题啊，对不对？

正确的应对方式，是当我们收到这些信号时，找到背后的原因，再尝试用不同的方法，帮助自己排遣这些压力，而不是逃避这些信号。

所以，当你接收到身体的信号时，我推荐你用一个方法来给自己“诊脉”。

请拿出纸笔，写下身体和心里的所有感受，然后逐一问自己：“我为什么会有这样的感觉？我为什么会有这样的心情？”

诊断自己的情绪

一般来说，当我们能够静下心来，去记录自己的身心感受，去问自己为什么时，我们很快就能察觉到问题的根源了。

比如你感到自己很烦躁，无法静下心学习，然后你在记录感受的过程中，发现自己其实挺疲倦了，精神不足，注意力也不太集中，原因在于你昨晚睡得比较晚，睡眠质量也不高，那么，找个时间打个盹儿，或者今天晚上好好睡一觉，就能解决这些问题了。

比如你感到焦躁不安，压力很大，甚至有点头疼，那么，请问问自己："为什么我会觉得有压力？这种压力来自哪里？"

可能是因为最近有一场重要的考试，而自己的复习时间不够，没把握考好。这个时候，我们找到的解决方法，就是在这有限的时间里，安排一个合理的复习计划，其中也包括了哪些部分你要寻求老师帮助，哪些要去和同学一起搞定。在制订计划的过程中，你可能会发现，身体里那些紧张、那些压力，也随着计划的逐步成型而得到了释放。

这就是用心聆听你的身体和内心的声音，正面处理身心发出的信号，来帮助自己解决那些造成学习困扰的情绪问题。

当然，有时候有一些情绪，你找不到具体的原因，但想要快速跳脱出来，那么我提供一些简捷的方法，帮你快速地做些调整。

当你有一些情绪激动，比如生气、焦急、躁动不安时，你可以……

1. 喝一杯冰开水，或用冷水洗把脸

当脸接触到冷水时，心跳会降速，这是一种神经反应。喝一杯冰开水，也能让我们的身体核心降温。当我们情绪高亢的时候，自己的头会发热。这时候让身体降温，也可以让你快速冷静下来，脱离当前的情绪。因此，“冷静”这个词，本身就是个技巧。

2. 做伸展运动

压力会累积在身体里，造成紧绷和疼痛。这时候做一些伸展运动，也会达到缓解压力的效果。瑜伽就是很好的练习，不仅能深度伸展，而且维持某些姿势也需要控制平衡和呼吸。我自己特别喜欢做树式，只要能维持这个姿势 30 秒左右，就能感受到自己变得比较平静。

3. 四、五、六深呼吸法

吸气 4 秒，吸饱后憋气 5 秒，吐气 6 秒。连续三次。

这个技巧最重要的部分就在慢而刻意的呼吸，每个步骤要做足时间，不能急。你必须控制自己的呼吸肌肉，让身体慢慢、深深地吸气和呼气。这种深呼吸方式，有助于启动副交感神经，帮助自己平静下来。如果你是晚上比较难入睡的人，也可以多试几次“四、五、六呼吸法”，甚至可以把它延长为“六、七、八呼吸法”，连续五次，就会逐渐感受到睡意！

当你觉得心情比较郁闷，感觉不够清爽，提不起精神时，你可以……

1. 喝杯热饮

喝一大杯（至少250毫升）温开水（45摄氏度以上），能让你的身体迅速热起来。这个原理就跟喝冰水让自己冷静一样，只是反向操作。你往往会发现，一杯热乎乎的饮料喝下去之后，精神马上就回来了！

2. 听音乐，配合向下拉的动作

放一首动感比较强的歌曲，然后随着音乐做几次向下拉的动作：把背挺直，举起双手，然后快速往下拉，仿佛头上方有个横杆，你迅速把它往下拉到与肩膀等高的位置。跟着节拍这么做，一首曲子内，保证你整个人都会热起来！

3. 平板式挑战

你信不信有个技巧不但能让你热身，同时平静心情，练肌耐力、专注力，还可以减肥？没错！这个万能技巧就叫平板式，你八成曾经在体育课学过：把双脚打开与肩同宽，呈俯卧姿势平视地板 ，让肩、背、臀成一条直线。记得背要挺直、夹屁股、收下巴、绷紧肚子，还有最重要的——不要憋气，一定要维持平稳的呼吸！你可以从 30 秒开始练，再逐渐把时间拉长。如果你能把这个练起来，不但能随时调整身心状态，还能改善身材，一举多得！我大力推荐！

当你觉得脑子不够清楚，思绪纷飞，静不下心时，可以尝试大脑清仓。

我在前一章介绍过这个方法。当你有很多心事，脑中的杂念和思绪挥之不去时，就可以拿出纸笔，把脑袋里所想到的东西全都写下来。不管三七二十一，你不用去整理，也不需要分门别类，只要写下关键词或是简单地画出来。这样做的目的，就是要把你脑袋里的思绪“下载”到一张白纸上。

很多时候我们觉得很烦，可是不知道自己到底在烦什么；当自己写完后，即便是随便乱写，却好像有松了一口气的感觉，就是这么神奇！

这其实运用了大脑的一个特殊机制：当我们有事情放在心上时，这种悬念会让我们不断去想它，因为潜意识告诉我们不能忘记它。

但如果将这些事情写在一张纸上，这个动作可以告诉我们的潜意识：事情已经记录下来，你可以暂时把它放在一边。

虽然这个效果只是暂时的，大概只能维持半小时，但是在这半小时内，你就能拥有比较清楚的思绪。

大脑清仓除了可以用于学习前，也可以在晚上睡觉前做一次，清空思绪，帮助入睡。

如何与负面情绪相处？

当我们写下身体和内心的感受，会发现很多情绪问题都来自具体的事情，只要找到了问题的根源，自然就有了解决办法。

但有些比较长期的情绪问题，就需要我们更加用心地去对待，找到与之相处或转念的方式。

最常见的一种，是我们脑海中的负面评价声音。

很多人都有过类似体验，脑袋里好像总有个声音，在跟我们说话。

早晨要起床时，它就催你："快起床了，要迟到了！"你心里说，我再睡 5 分钟，多睡 5 分钟就好。结果，在你突然惊醒时，发现已经过了半小时。这时候，这个声音又出现了："完了，今天第一堂课是某某老师，他那么严厉，你一定要迟到了。"当你心急火燎穿好衣服、背起书包冲出门去，那个声音说不定还在继续批评你。

那个声音是谁呢？它来自我们自己，没错。但你仔细聆听这个声音的语气、态度、用词，是否像是你曾经听过的某个人的声音呢？

它说不定来自某一个师长、你的父母亲，或是你的朋友。他可能时常给你打击，时常说一些负面的话。

就像储存在我们脑中的音频，这些声音不断地重复播放，久而久之，我们就把它们当成了自己的声音。当有一天，我们做错事情、遇到挫折时，这个声音就会跳出来，批评自己，指责自己，不断攻击自己。

我有一个学生，她非常聪明伶俐，做事能力也很强，但我常常发现，在遇到一些困难时，她会习惯性地说："我就是不行，我就是比较笨。"于是，当遇到阻碍时，她也会很快放弃，留下一堆烂摊子让同学收拾。

同学们非常不理解，我也感到纳闷，后来才了解到，原来她妈妈在家中经常会批评她，说她做事拖拉不认真，大事做不好，小事不想做，久而久之，她在内心也就真这么认为了，表现出来的行为就是虎头蛇尾——来自亲人的负面语言，造成的伤害真是太大了！

那么，如何对待脑海中这个负面声音呢？

负面声音大挪移

我们很容易把目光放在别人身上——无论是观察对方，还是关心对方——去感受别人的生活。我们会发现没有一个人的生活是容易的。当我们理解一个人可能要面对的种种困难，会对他少一些批判，多一些包容。

我们可以锻炼对别人抱有同理心，但其实，有一个更值得你去理解、关心，却常常被忽略的人……就是我们自己。

我们要学习，要考试，要参加竞赛，当然会有比较高的目标和要求，但没有必要一天到晚逼自己、责骂自己、跟自己过不去——这不是给自己找不努力的借口，而是我们要学会体谅自己，给自己多一些关爱。

所以，当你被脑中的负面声音困扰许久，想要改变时，你可以这么做——

请想象你生命中最仁慈、最温暖的那个人，可能是你的祖母，或者一位老师。请用她的声音，来代替原先你脑海里的那个声音。

这可能需要一段时间，但会从根本上解决很多情绪问题。

当你遇到情绪上的问题，压力很大，或者内心很委屈时，你可以想象这个人用他温暖的声音安慰你，他说："加油，你一定能找到方法解决的，你可以做到的！"

有时候，听到这个声音，你甚至会很想哭，那就哭吧，释放出来，不要压抑在心里，这没什么丢人的。

让我分享一个自己的故事吧。

记得有一次，我要完成一个特别难的研究报告，因为时间很紧张，我变得非常焦虑，焦虑到无法开始这件事。这个时候，我知道自己必须做一点儿改变了，不然情况会更糟糕。

于是，我努力让自己安静下来，开始想最疼我的奶奶，就好像一下子回到了小时候，时间很晚了，但我还没完成作业，奶奶对我说：“轩啊，你看看，现在知道了吧？下次可别又拖到最后了……别着急，还有点时间，你加把劲还是能完成的。”

我回想奶奶那慈祥但一眼就能看懂我的眼神，然后，我的眼泪不争气地流下来，我开始在房间里抹眼泪——哭得跟“孙子”一样！

我仿佛感觉到奶奶在摸我的头，在抚慰我。哭了一阵子，我突然有了能量，内心坚定起来。擤了鼻涕，洗把脸，我对自己说：“我可以的！”奶奶的声音变成了我的声音，那天，我如期完成了报告。

想象出一个仁慈的声音来安慰自己、鼓励自己，这并不是自欺欺人或逃避现实，而是调整你大脑里习以为常的负面系统。

当你越来越习惯脑中响起那个仁慈的声音，压过那些批评的负面声音，乃至完全替换掉它们时，你的心就会越来越平静，而且充满行动的力量。

选择乐观

你觉得乐观的人更容易学习好，还是悲观的人更容易学习好呢？

有时候我们会有种错觉，认为悲观的人更冷静，更能坐得住，更能够感受到失败的痛苦，更不能够接受失败的结果。为了避免这一状况，于是奋发图强，下更大的功夫，于是有更好的成绩。

最直接的证明，就是身边认真对待学习的同学，常常是一副眉头紧锁、不苟言笑的表情，看着就不像乐观的样子。

但事实真是这样吗？早在1984年，积极心理学之父马丁·塞利格曼博士就曾做过实验，结果恰恰相反，乐观的人，不仅有更好的学习成绩，在参加工作后，也会有更好的业绩！

原因在于，乐观的人和悲观的人，面对困难和挫折的看法很不一样，这种对发生在自己身上之事的习惯性看法，塞利格曼博士称之为“解释风格”。

乐观的人在面临失败和挫折时，会认为这些都是暂时的，是可以改正和克服的，因此能够放宽心态，从失败中吸取教训，使自己更加进步。

而悲观的人，会把失败和挫折归咎于“是我自己不行”“这些总会发生，而我就是克服不了”，他们会因为一时的失败而否定全盘，会陷入自责的泥潭无法自拔，于是更加害怕挫折——关于这一点，我会在下一章详细讲解。

人生难免会有成败，有收获必然有挫折，这都是人生的必经之路。关键就在于，我们如何看待这些事——是抱着悲观的态度自怨自艾，还是以乐观的态度积极面对？

答案当然是选择乐观！而心理学的研究结果也告诉我们：乐观的心态绝对是后天可以锻炼出来的！

ABC 思考模型

著名心理治疗师阿尔伯特·艾利斯研究发现，对一个人而言，不是他遇到了什么事情导致了什么结果，而是当事情发生时，他对这件事的看法，影响了这件事情的结果，这叫作 ABC 思考模型。

A 是 Adversity，也就是挫折或挑战。

B 是 Belief，也就是你对这件事情的信念与心态。

C 是 Consequence，也就是你会采取的行动及后果。

比如一次重要的考试，你考砸了，没有达到预期的结果，这就是你遇到的挫折。

对于这个挑战，你有什么看法呢？你的态度是怎样的？

可能你会觉得很懊恼，愤愤不平：明明复习了很久，却没有考到理想分数；偏偏漏掉的几章，在试卷里出现了大分数考题；已经尽力了，还是折戟沉沙，也许自己根本就不是学习的料……这是你的一种心态，是悲观的心态。

但也可能你会认为，复习到的内容，我都答得不错；出错的地方，是粗心大意；没复习的，是因为侥幸心理。所以，用心复习还是有用的，需要调整的是做题习惯和心态，这样下次一定会更好。这是另一种心态，也就是乐观的心态。

在这两种不同的心态下，自然会出现不同的结果 C。前一种心态，你可能有点自暴自弃，反正复习了也没用，索性下次

就别用那么多时间了，于是下次考得更差；后一种心态，让你更有信心考更高的分数，于是你优化了自己的复习方法，真的就在下一次考试中表现得更出色！

再比如，你要和一位同学上台演讲，你们有一样的学校背景、相同的资历、同样的年级，甚至手里的讲稿水平都相差无几。

这个时候你们的挑战是什么？是“要上台演讲了,好紧张”。其实紧张是必然的，这个时候人会心跳加快、口干舌燥，肾上腺素会上升，甚至血压会升高，这些都是必然会发生的。

面对这个挑战，另一位同学的心态是：为什么这么紧张？我最讨厌演讲了！老师一定是故意刁难我，才会叫我上台演讲。大家一定会觉得我讲得不好，同学们等着看我笑话，我完蛋了！

这是他对自己紧张反应的主观意识，而这会导致什么样的结果呢？

当然是变得更紧张。于是他情绪不稳定，坐立不安，甚至迁怒他人。他会找各式各样逃避的借口，并持续拖延，不想好好准备。

当正式上台时，他可能就站在那里，什么话都说不出来，最后草草了事。显而易见，是他的心态导致了这样的结果。

而你虽然一样紧张，但是你比较乐观，懂得从正面思考，把这种紧张反应视为正常状况，并且觉得这个机会挺难得的。你可能会想：老师可能觉得我有演讲的潜力，才会把这次机会给我，而且我的同学和朋友都会看我的演讲，所以我今天一定要尽力。

当你这样思考的时候，结果会是什么样呢?

你会接受自己的紧张反应，并专注地做好准备。你接受朋友的加油打气，而不是一开始就排斥，觉得别人会看你笑话。你会积极面对这个机会，甚至开始期待。

同样的状况，一个人逃避，另一个人却期待；同样是面对紧张的感觉，可以有两种完全不同的解读方式。

所以，当一件事情发生之后，我们是从负面的角度去思考，还是从积极乐观的角度去思考，这是我们可以选择的，也会产生连锁反应，带来不同结果。

我们当然要选择从正面思考，即使有时候，你觉得事情太难、情绪很差，当你能够从正面去考量，并且采取积极的行动时，再难的困局也会出现转机。

而如果你习惯于沉浸在负能量的思考中，自怨自艾，躲进角落，感觉全世界都抛弃了你，那么，无论再过多久，无论多少人觉得你可怜，你还是没有改变任何事情。

所以，改变自己的境遇，把自己拉出低谷，就从建立自己的乐观心态开始吧！在人生的方方面面，我们都应该习惯性地保持乐观的心态，让乐观成为我们的解释风格。

如何面对考前焦虑?

很多人会有考前焦虑:“我到底复习得怎么样?”“这次考试考砸了，我的人生就完蛋了!”“如果不用考试，我什么都可以换!”……

这些声音在脑子里转啊转，最后你的压力越来越大，十有八九就影响了你的睡眠和考试状态。

遇到这样的情绪，要怎么解决呢?你可以问自己五个问题。

1. 我的这个想法，是真的吗?

2. 我的这个想法，有相反的证据吗?

3. 我的这个想法，对我有帮助吗?

4. 如果我放弃这个想法，最糟的后果会是什么?

5. 如果我放弃这个想法，最好的后果又会是什么?

这五个问题也是心理治疗师阿尔伯特·艾利斯的研究结果，属于REBT理性情绪疗法（Rational Emotive Behavior Therapy）。

我们假设一个情境，来套用这五个问题。

比如你在今年的期中考试发挥失常，考得很烂（以自己平常的水平来说）。面对即将到来的期末考试，你突然变得异常紧张。你担心自己再一次失败，担心自己没有复习充分。这个担忧逐渐变成一个负面声音。我八成会考不好！我完蛋了！你心里这样想。

好，我们来用这五个问题，逐一检视自己这个念头。请尽量诚实作答，请记得，这是面对你自己，不需要叛逆。

1. 问（1）：“我八成会考不好”这个想法，是真的吗？

答：“是真的，因为期中考就考烂了啊！”

问（2）：那“我完蛋了”是真的吗？

答：“没有，其实考差了会感觉很糟，但不至于会挂掉整堂课。‘完蛋’其实有点夸张。”

2. 问（1）：“我八成会考不好”这个想法，有相反的证据吗？

答：“去年的期末考还 OK，不是每次都考得不好。”

问（2）：那“我完蛋了”这个想法，有相反的证据吗？

答：“其实我现在还是好好的。”

3. “我八成会考不好，我完蛋了”这个想法，对我有帮助吗？

答：“其实一点儿帮助都没有，反而让我很焦虑，无法专心。”

4. 如果我放弃这个想法，最糟的后果会是什么？

答："就是期末考试也考砸了！那真的会很糟，但不至于会完蛋。"

5. 如果我放弃这个想法，最好的后果又会是什么？

答："我会更冷静，也能更理性地面对这个考试，可以更有自信，也许会考得更好。"

回答完这五个问题之后，再感受一下自己的心情。

你很可能会发现，焦虑感减轻了。这是为什么呢？

这些问题在心理学上叫**自我辩论问题**。第一个问题以"是真的吗？"这个简单的提问，来提醒你面对问题，但不要夸大。第二个问题让你用理性寻找相反的证据，来摆脱极端性思考。第三个问题让你意识到，紧紧抓着这个执念，可能对你造成的负面效果。第四个问题让你做最糟的打算。这似乎与乐观背道而驰，但其实往往我们对最担心的事反而不敢去想。让自己想象最糟的状况，也算是一种面对现实。最后，第五个问题让你想象放弃这个执念的好处。

你会发现，自己往往担心的是一个过度夸大的问题，其实是在自己吓唬自己。结果到底怎样，要等到事情发生后，才会知晓。现在担忧不仅无济于事，反而让自己压力更大。按照这个顺序反问自己，不但可以帮助你更理性地面对现实，也可以考虑到“如果放下这个执念，会有什么好处”的可能性。

每当遇到难以克服的心结或负面情绪，你都可以用这五个问题来反问自己，挑战自己的既有成见和负面情绪。

补充说明一点：这些问题能帮助你缓解负面情绪，但缓解了情绪后，你还是需要采取行动，不能只是想想就算了。转念，是为了让自己能更积极面对问题。念转了，人就要行动起来。

“人生不只是命运，还有你如何看待命运。”我们所遇到的任何难题、困境，都可以作如是观，而正向的思维、正向的人生，也正是从这一刻的转念开始。

找到发自内心的学习动机

对很多人来说，学习算不上一件令人很愉悦的事情，因为要不断克服自己的惰性，学新东西，拓展思维，可能有很多时间花在枯燥的练习上，于是，很多的情绪、压力其实就来自学习。这个时候，我们就应该再次回归到本书开篇我问你的问题：我们到底为什么学习？

当你了解自己为什么要学习一件事情的时候，你内心就会有强大的动力，来克服学习过程中的各种困难。比如你想要学好地理，这样当未来你去做个背包客，要四处旅游探险时，你就有更好的知识储备；你想要学好生物和化学，因为你想要在未来从事生物制药相关的工作，来找到许多疾病的治疗药物，帮助更多病人远离病魔、解除痛苦。

当你有自己的答案时，很多现在令人苦恼的问题就不那么重要了，而且你越努力，心态会越积极，学习效果也会越好，这就是一个正向的循环。

但如果你每次问自己为什么学习，答案总是因为父母期待我考个好成绩，因为老师觉得我擅长物理等，这个答案就不那么有力量，因为那是建立在别人的期待上，并不是对你自己真正“有意义”，因此当遇到困难、挫折时，就很容易败下阵来。

所以，你一定要找到发自内心的学习动机，才能够真正支撑你的学习力。而且，我必须说，学习力不是一时的，而是一世的，它不是为了应付这次考试，之后就完全用不到，而是你要在日后面对任何学习时，都要有的一种学习态度、一套学习系统。

所以，你必须要找到自己的学习动机，把“我得学”变成“我要学”，这是整个学习力的基石，也是你的信念，是任何时候都让你能迎难而上、不折不挠的力量来源！

第10章 成长型思维

成长比成绩更重要，成长让成绩更优秀

成功的公式中，坚毅力算两倍

每次谈到坚毅力这个话题，我都会想到 Marsha（马莎）。

她曾是我在哈佛的同学，脸圆圆的，说话慢慢的，笑起来很喜气，像个泰迪熊。

她来自波士顿最贫穷的区域，念的不是私立学校。她能申请进哈佛教育学院的博士班，凭的是努力、行动力以及多年的工作经验。她很希望自己能回到家乡当个校长，改善当地的教育环境。

当时，我们研究生的“噩梦课程”就是统计学。一来功课多，二来考试难，三来教授很严格。每次在课堂上，当教授停下来问“有谁有问题吗”，大家都战战兢兢的，唯有 Marsha 一定会举起手，慢吞吞地说：“老师，我有点搞不懂……”

一开始，她连说问题都吞吞吐吐的，显示基本的理解程度都不足。教授说：“好，没关系，我先继续讲，你课后来找我。”

每次下课，Marsha 都会去前面找教授。只见教授跟她在那里比手画脚地解释，她专注地点头，其他学生都离开教室了，他们还在那里。

每次我在学生休息室见到 Marsha 时，她都在做习题。她也不会不好意思，笑眯眯地把我们拦下来说：“嘿，你可不可以帮我看看这道题？我不知道有没有答对。”

期中考后，教授特别走到 Marsha 的座位前，对她说：“已经不错了，再接再厉。”

Marsha 没什么脾气，课堂上虽然眉头深锁，显然听得很吃力，但每次跟她聊天，她还是一样开朗。“这统计学真是不容易啊！但我好像开始有点概念了……”

然后，突然有那么一天，Marsha 就开窍了，我们从她在课堂上问的问题就能感受到。而随后，她的进步突飞猛进，开始追上，甚至超越了我们其他研究生。期末考试后，教授说：“我通常不会公开讨论成绩，但我不得不宣布，Marsha 考了全班最高分！”我们大家都为她鼓掌。

第二年，Marsha 成了统计学这堂课的研究生助教。

不知你有没有想过：你学了那么多学习方法，掌握了那么多知识，最重要的是什么？

我的答案是坚持。

把这些方法运用在你的学习中，不断去练习、去修正，坚持下去，直到成为你的学习习惯。

这听起来很简单，但我要说，最难的地方也就在这里。正所谓“知易行难”。

就像每天要运动，早睡早起，不拖延，像所有的好习惯一样，我们很容易知道它的好处，但是要做到日复一日地坚持，真的不容易。

而这也是一道分水岭，左边就是普普通通，大家都一样，而右边则是优秀，是卓越，是你能够领先别人的地方。

心理学家安杰拉·李·达克沃斯把这种“为一个自我认定有意义的长期目标，一直锲而不舍地追求”的能力，称为GRIT（坚毅力）。这是近年来教育学界非常重要的发现，颠覆了我们过去的很多认识。

研究发现，无论是在大学、中学，还是在军校、各种赛事中，与智商、情商、长相等要素相比，坚毅是一个更加重要、更为可靠的预示你能否成功的指标。

特别是在一种不确定的、充满变化的环境中，你可能会遇到很多麻烦，甚至很多次失败，但只要你有坚毅的品格，不断去尝试，就总有机会成功。

我们的传统文化中，也有很多关于坚毅的描述，比如“有志者，事竟成”“锲而不舍，金石可镂”都是在强调坚持的重要性。而心理学家所推崇的坚毅，包含了两个关键要素：

1. 对长期目标饱含热情（Passion）

2. 有坚持不懈的毅力（Perseverance）

前者，就是你要找到内心的那个为什么，搞清楚自己为什么发自内心地想要实现这个目标，那么你的内心就能充满前进的动力。后者，也是我要特别强调的毅力，其中又包含两层意思：

第一是你足够执着、足够坚持，第二是你能忍受每天枯燥乏味的，甚至不断重复的那些练习。

很多人凭借一腔热情，有了一个好的想法，就兴冲冲地上路了，可是路上并不都是秀丽风景，没走几步，过了新鲜期，接下来都是些琐碎的、枯燥的练习了，他就坚持不下去了。

我们的学习也是一样。今天你发现一门自己很感兴趣的学科，你学习到一个很高效的方法，你很兴奋地想要把这门学科研究清楚，想把这个方法用在学习上，可是，你很快发现，这个过程十有八九是枯燥的，而且时间会很长。

而你，就是要忍受这样的枯燥，忍受这些琐碎，在日复一日的坚持下，去追求你想要的目标。

这就是坚毅。

我希望你有这种坚毅的品格，因为学习就像马拉松，需要坚持不懈地努力，更需要忍耐，需要恒心，需要克服苦恼和孤独，要懂得如何与自己和平相处。

这里面有很多可以自我优化的空间，比如我们要劳逸结合，要把大目标拆成小目标，要有学习思维，这也是我一直在分享的内容，让学习不那么枯燥，让效率变得更高。

但同时，我们也要知道，你对于学习的热情和你的毅力，是让这一切能够得以发挥的基础，这个基础越牢固，你能发挥出来的学习力就越大。

定义出 GRIT 的达克沃斯教授，提出了一组成就公式：

才华 × 努力 = 技能

技能 × 努力 = 成就

当你为一项才华付出努力，你就会获得技能。

当你努力应用这项技能时，你就会取得成就。

不努力，你的才华只是未开发的潜力。

不努力，你的技能就是你本来可以做，但从未做过的事情。

达克沃斯教授认为，坚毅对一个人的成功起到了关键性作用。

所以下次，当你看着身边更有才华的人，心想“哇，为什么他们有，而我没有？”时，你必须相信，随着时间的推移和持续练习，改进会随之而来。如果你有坚毅力，你一定会进步，这是毫无疑问的。

培养成长型思维

你听过“小时了了，大未必佳”这句话吗？它用来形容一个人小时候很聪明、很有才华，甚至很有成就，但长大了未必如此。这是为什么呢？

斯坦福大学心理学家卡罗尔 · 德韦克也对这个问题很感兴趣，经过了一番研究，她发现很大的差异来自我们的思维。

罗尔 · 德韦克将人们的思维模式分成两种：固定型思维和

成长型思维。拥有固定型思维的人，认为自己的智商、能力都是与生俱来的，是不会改变的，所以遇到困难常常会逃避，觉得以自己的能力根本无法解决，并且，他们认为自己就是这样了，拒绝通过学习让自己成长。

固定型思维	成长型思维
努力不重要，关键是看智商	通过不断努力，我就可以考出好成绩
有些事我很擅长，但其他事我不行	我能学会任何想学的东西
遇到困难，我不擅长，所以我放弃	遇到困难，我想要挑战一下
我失败了，说明我就是做不成	我失败了，我从中学习到很多经验
别人成功了，我感觉受到了威胁	别人成功了，我从中学到了经验
早早地就给自己下了定论，不敢挑战困难，无法接受失败，也不认为自己能改变什么，于是很难取得和自己的潜力相匹配的成就	不给自己设限，勇于走出舒适圈，迎接前方的挑战，在不断的努力中突破自己，更容易取得一次又一次的成就

假设你身边有这样一位同学，他可能学习不错，也很热衷于参加各种集体活动，大家都觉得他很聪明，因为平时也看不

到他学习，考试却能考出好成绩。

但事实是，这位同学为了维持自己的“聪明”形象，常常要在回家后挑灯夜战，很努力地偷偷学习，来维持在同学面前毫不费力的样子。在有比较重要的竞赛或考试时，他会比别人更紧张，也很在乎考试成绩，尤其当别人考出高分时，虽然他表现得很有风度，但你会觉得他有点怪怪的。

这就是比较典型的固定型思维——认为“聪明决定一切”，努力比不上聪明，而且对“失败”是一种排斥和否定的态度。

反过来，如果有这样一位同学，他同样被大家认为很“聪明”，但他仍然每天努力学习，把考试看作检查自己学习成果的工具，而不是检查智商的工具。如果考得不好，他也不气馁，会拿出错题本总结经验。遇到不会的难题，自己会想办法攻克，如果实在攻克不了，也会向其他同学请教——哪怕其他同学没有他的得分高。这样的同学，我们就可以说他有成长型思维。

显然，我们更应该拥有成长型思维。它会让我们在面对学习时，有更加积极和开放的态度。当遇到难题时，我们会认为：这是可以被解决的，因为它曾经被别人解决过，而我需要做的就是通过学习，找到解决的办法。这会让我们在面对挫折、难题甚至失败时，都保持一种正向的态度，最终克服问题，完成学习计划，不至于半途而废。

然而，在现实中，难免会出现事与愿违的情况。比如，你就是遇到了难以解决的问题；你发现凭借自己的能力，就是没办法按时完成计划；你就是容易受挫，会被负面情绪干扰。这个时候要怎么办呢？

保持成长型思维的关键

不折不挠是一种态度，即：我相信自己有解决问题的能力，而我也会持续努力，直到问题解决。这是我们能保持成长型思维的关键。

它与三个要素相关：

1. 我有解决问题的信心

2. 我有解决问题的能力

3. 我有解决问题的意愿（动力）

三者缺一不可，有能力没信心，遇到挫折就会退缩；有信心没能力，遇到问题也解决不了，只是自我感觉良好。最好的状态，是我们有能力，有动力，有信心，从而带来好的结果，而这一好的结果，又让这三个要素都得到加强，从而形成正向的循环。

比如，我实践了本书中所提到的学习方法，改善了自己的学习习惯，加强了自我管理，让我的学习效率得到了提升，因此我对学好本学期的功课更加有信心，而期中考试的结果也带来了正向反馈——成绩有了提高。于是，我就更有信心和意愿来坚持这样的学习方式，如此，形成了一个良性的促进。

这三个要素能否通过训练来增强呢？能。

首先，建立信心，在于不断获得正向的反馈，只要你做了，你就有收获。比如，有一些运动的 App 可以制订训练计划，一开始只是一些小目标，比较容易达成。当你达成的时候，就会有积分奖励，于是一次，两次，三次，你为了赢得这些小的胜利，就不断坚持，进步越来越大，心情越来越好，自信心也越来越强。

持续地坚持，带来持续的正向反馈，这足以在心理上建立起一个牢固的信念——我能够做到，我已经做到，于是自信心就建立起来了。

所以，想建立自信，就要学会把大目标拆成小目标，让“小成就”不断增加自己的信心，再不断加码，实现更大的目标，让信心不断增强。

其次，提高能力。在学习过程中，不断去修正、检视学习的结果。比如，你要练习跑步，可以请队友把你的跑步姿势录下来，看看动作哪里不对，进行修正，然后再录一次，再修正，渐渐地，你就能够跑得越来越快，越来越能充分发挥出你的实力。

学会在每个环节上都检查结果，然后进行修正。不要怕麻烦，在这个过程中，你总能找到自己的不足，查缺补漏，学习上的盲区就会越来越少，你的学习效果自然会越来越好。

当你看到自己进步，观察到能力的不断提升，信心也会自然提升。

最后，加强动力。这是很多人匮乏的，找不到学习的动力，好像总是为了考试，为了家长在学习。这个问题的关键，就在于你如何看待学习这件事。

其实，不管我们想不想学，学习都是一件我们不得不去做，而且要做好的事情。那么，不妨用一个最简单的方法：把你每天要做的事情，从“我得要”这种心态，转变为“我想要”。

你可以在每天睡觉前，列出明天最重要的几件事，写下来，但你的开头都要有“我想要”三个字。

写完后念几遍，让自己相信这就是我想要做、我选择去做的事情，第二天，你的动力就会增强很多，而且不容易出现抗拒心理。

我想要	背诵第三章的重点
我想要	做完一份英语试卷
我想要	整理过去三天的课堂笔记

不要觉得这是自己骗自己，我也没有开玩笑，这是被心理学研究证明切实有效的方法,影响的是你的潜意识。当你把“我必须要”的习惯改为“我想要”，在潜意识里，这是你自己主动选择的目标，这种掌控感会让你的动力变得更强!

不断训练这三个要素，你的自我效能感会不断增强，通过自己的努力取得成功的概率也不断增加，而这就是你能够建立成长型思维的关键。

游戏中的成长型思维

如果你觉得这听起来不那么容易，执行起来也感觉有点复杂，那么让我用生活中很常见的一个例子，来向你展现何谓自我效能感，何谓成长型思维吧——那就是游戏。

如果你玩过手机游戏，就很容易发现，游戏的规则和奖惩机制很像我们上面所讲的三个要素。

首先，你一定不是一上来就面对大 boss，那样会死得很惨，也没什么可玩的了。所以，游戏在一开始，会让你先去完成各种小任务，并且随之不断地给你小奖励，既让你的角色得到成长，也让你不断尝到甜头，觉得这游戏可玩性挺高，有自信去战斗，去通关——其实这是游戏本身的设计。

其次，你会在游戏中不断修正你的操作方法。比如，各种招数、法宝、地图、路线，面对不同敌人的应对方式，你总会遇到打不过的对手，或者因为不熟悉地图、操作失误，让你损失惨重，但你会马上从中吸取经验教训，在下一次操作时，更加小心，更有技巧，这让你在游戏中的能力不断提高。

最后，你当然很想去玩游戏，这是你的主观意愿，动力很强。有主观意愿去玩游戏，在游戏中不断获得自信，能力不断提升，在游戏中获得的奖励越来越多，于是，你很容易沉浸在这游戏中，有一种可操控一切的感觉，哪怕失败了，也会好好研究攻略，再来一次，没有关系。

你看，这不就是自我效能感吗？这不就是成长型思维吗？游戏的这种设计思维，其实完全可以运用到我们的学习设计中，也确实有不少专家、研究者在这么做了，取得了很好的成果。

所以，如果你觉得学习太难了，那么不妨活用游戏的思维，来拆解自己面对的任务，从小关卡开始，一步步让自己有小成功、小成就，逐渐能够通过越来越大的关卡，你对自己的人生也会越来越自信，越来越有掌控感。

走出舒适区，勇敢挑战自己

除了培养这种“成事”的能力（同时也是成功的体验），我们在思维习惯上也应做出调整，让自己以积极的态度来看待人生中的挑战，这也有利于大脑培养出成长型思维。

1. 拒绝非黑即白的观念，把人生看成一场场试炼

现代社会中有很多诱惑，比如考试要夺第一，不成功就难以快乐，错过眼前的机会就再也难以翻身，等等。于是，我们铆足了劲去钻一些牛角尖，拼上了心力和时间，一旦没有达到自己的预期，就心情沮丧，感到挫败，甚至一蹶不振。

人生如此漫长，就算当下你错过了，又何尝不会在未来获得呢？就像很多时候，我们会因为某件事而感到难过、自怜、愤愤不平，在当下你似乎被这种负面情绪牢牢挡住了去路。但如果你想一想，三个月之后，你回头再看这件事，会是什么想法？三年之后再看呢？十年之后再看呢？恐怕你不会觉得这件事有多么了不起了吧！

人生就是这样，在关闭一扇窗后，未来说不定再开一扇门。如果你第一次失败了，还是可以尝试第二次、第三次，直到成功。千万不要有“我现在做不到，所以我永远都做不到”的想

法，那只是一时的自我逃避。

无论身边还是新闻报道中都有很多人经历过失败，但他们仍然能够通过努力重新站到成功之巅。很多创业者，一次次失败，甚至人到中年重新开始，都有再次成功的机会。所以，不要自我设限，不要因一时的受阻而放弃，就把人生看作是一场又一场的试炼，这次不行，就下次，这里不行，就去那里，总有一天，你会在持续地努力中，找到属于你的光辉时刻。

2. 追求自己的进步，而非事事都要完美

人生是一个过程，我们在通过一个个关卡时，自己也会变得越来越有能力、越来越成熟，而我们所经历的事，所面对的问题，都终将会过去，成为我们人生的一个个注脚。但如果我们期望每件事都能做到完美，做到最好，无形之中会给自己带来许多压力。在压力下，自己的心态容易失衡，还会产生逃避的心态——因为做不到最好，所以，我最好不要开始这件事。

此时，请告诉自己：只要我不断进步，那么，我不需要把每件事都做到完美。只要晚上睡觉之前的我比早晨起床的我进步了一点点，那么，我这一天就没有虚度。

从“自我进步”而非“完美主义”的角度，去看待人生中的各种关卡和挑战，会大大提高你的执行力，也会增加你面对困难和挫折时的心理弹性。

3. 不要沉浸在舒适区里，要时不时跳出来尝试新鲜事物

舒适区这个概念，来自管理思想家朱迪思·巴德威克，指的是你已经非常习惯一些心理模式和行为模式，待在其中很安全、很舒适，一旦离开这个区域，你就会觉得别扭、不自在、有失控感，想要尽快回到原先的舒适区。

比如你很擅长写某种题材的作文，于是每次考试你都那样写；你更愿意在无人打扰的环境中学习，也认为这样自己才能学得够好；你更喜欢文学，花很多时间读小说，而不愿意去解

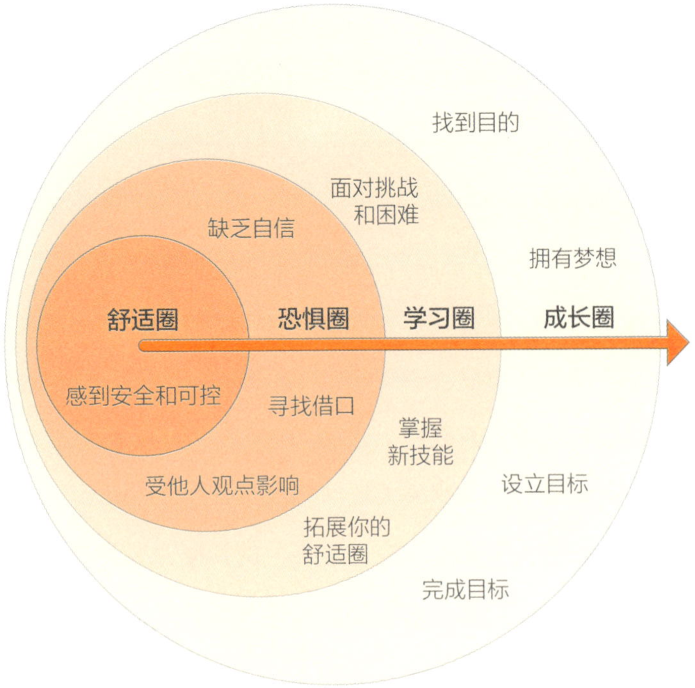

数学题……

请注意，舒适区并不一定是你擅长某件事，于是一直重复做它，还可能是你不擅长的，比如你不喜欢社交，于是每次同学聚会你都宅在家里；你不爱公开表达，于是对于学校组织的各种活动，你都拒之千里。

舒适区，当然让我们很舒适、很自在。但是，却划定了一条界线，让你无法走出圈，害怕走出圈，于是就一直原地踏步，没有办法走向成长的下一程。这是我们要警醒自己的，不能长久待在舒适区里。而且，年轻的你也不应该在舒适区里消耗自己的光阴。

所以，当我们发现自己已经很熟悉某个领域的知识或技能，感觉遇到了成长中的瓶颈时，就要看看自己是否已经在舒适区待得太久了。

比如，我们要学习打篮球，舒适区是你练习了一段时间后，你学会了基本的运球、投篮，也能够和团队配合打一下，可以说是学得不错了，每场比赛也能拿个十几分，但如果你不往前继续迈进，就会止步在这个水平上，没有办法把球技再提升一步，或许也体会不到更多的运动乐趣。

所以，你需要走出这个舒适区，让自己的投篮命中率更高，去训练自己的耐力，提高弹跳力，增加身体的强壮程度，这就需要你给自己增加训练量，可能每天要比别人多跑几千米，多

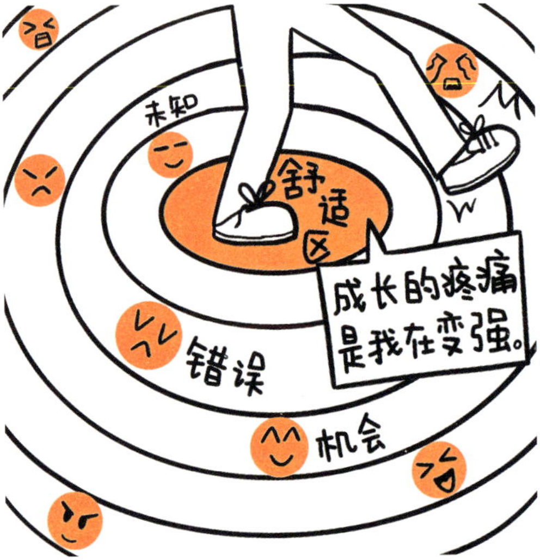

投几百次球，多做一些负重训练，甚至要和更高级别的队友进行对抗。

训练强度增加了，体能消耗增加了，每天训练下来，身体也更加疲倦了，一开始你可能感觉挺难熬，感觉自己好像做不到，甚至有点想放弃，但你也知道这是一个必经的过程，咬牙坚持一段时间后，你开始适应了新的强度，也感受到了自身的进步，于是开始获得全新的成长。

这就是成功走出舒适区的过程。但如果你尝试了一下，因为觉得不舒服、有压力，转身又退回了舒适区，那就没有办法提高球技了，只能维持在这种水平。

所以，多给自己一些走出去的勇气吧，去尝试做一些舒适区之外的事情，哪怕只是小小的一步，也会给你带来新鲜的体验，每天坚持做一些改变，积累起来就是巨大的进步。

也许努力一天后，浑身酸痛，筋疲力尽，但那就是成长的疼痛，是破壳而出的痛，是你的肌肉在生长，是你的身体在变强，你由此知道，你又前进了一些。这是你成长的必然，也是走向更高处的必经之路。哪怕途中走了弯路，出了差错，也可以从中学到宝贵经验，让自己下一次不再失误。这是一个人有成长型思维的表现。

当你能够有勇气走出去，甚至愿意冒一点儿险来尝试从未有过的挑战，当你习惯了这种挑战自己、重塑自我的体验，你所经历的过程、新的体验、遇到的新的人和事，都会让你一天比一天进步，而且，你的人生也因此丰富而多彩。

因为，没有什么不可能，只要你放手去做，勇敢去探险。

后记

发现学习的乐趣

“你为什么而学习？”

我在这本书一开始问了你这个问题，现在结束时又要再问一次。

不过现在，你应该知道我为什么会问了吧？因为对于学习来说，这个内心的why，实在太重要了。

一个人只有找到内在动力，才能够长久坚持一件事，哪怕它枯燥、无聊，也能够驱使你持续前进。

而离开学校后，你是否还会保有学习动力呢？希望你会！

学习，并不会因为没了考试而停止。当你来到一个新的工作岗位，你需要学习新的技能，就算你在同一个岗位上，也需要不断更新你的知识。

现在有一个词叫“终身学习”。知识不断更新迭代，而且根据预测，知识爆炸的速度还会继续加快。这意味着，有生之年，你学到的很多知识可能都会过时。你需要学习新的知识，才能跟得上时代潮流。当所有人都在进步，后浪不断推着前浪的时候，我们不能就这样被冲到沙滩上。

人生的每个阶段，都会有新的课题出现，我们需要不断更新知识来解决新的问题。而且，即使是同一个问题，不同阅历、经验、知识背景的人，也会有不同的解题方法。当你有足够开阔的视野、足够丰富的知识储备，你就会得出比其他人更好的答案。这在竞争激烈的人生长跑中，是多么重要啊！

所以，我们每个人势必都要成为一个终身学习者。那么，对于一个终身学习者来说，什么是最重要的呢？

我认为是：始终保持好奇的能力。

好奇心，是我们与生俱来的特质。婴儿对于世界有着旺盛的探索欲望，什么都想摸一摸、碰一碰。他们是多么渴望认识这个世界，探索这个世界啊！

而我们都曾经是一个婴儿。只不过随着年龄增长，有了很多烦恼，遇到很多挫折，有生活的压力，我们的好奇心逐渐被磨掉了。而没有好奇心的学习，常常使我们停留在问题的表面。只要找到说得过去的答案，能够交差，我们就不再探索下去，而这对于深度学习是个灾难，因为知识并非孤立，一方面会延展出新的知识，另一方面会和其他知识产生连接。“这样就可以了”的心态，无疑让学习变成了走马观花式的浅层了解。

所以，我希望你永远有一颗好奇心，永远对未知领域跃跃欲试，这会让你不容易被成见干扰，能够不断突破局限，为自己开拓一片广阔的知识疆土。

在这本书里，我分享了很多观念，也讲述了不少技巧。我希望你看了这本书后，会更有信心和动力去学习。我始终认为：每个人都想学习，也都能学得好，只要学会如何学习，学习可以充满乐趣，成为自己的动力。

只要有足够的动力，天下没有什么事情是学不来的。

20世纪的物理学家理查德·费曼曾经说过："没有人搞得清楚生命究竟是什么，但这并不重要。探索世界吧！只要你研究得够深，几乎所有的东西都会变得非常有趣。"

提到费曼，你还记得"费曼学习法"吗？我鼓励你运用这个技巧，把这本书的内容，介绍给身边没读过的朋友们。如果你能让别人听得懂，而且还感到有趣，那么恭喜你！这表示你已经内化了这本书的知识。我也要特别感谢你，因为你启发了另一个人的学习力。

在学习中找到趣味，并把趣味分享给别人，这本身就是一件非常快乐的事。

就如同我当年受到启发，如今自许为别人启发。

愿你持续用学习力，点燃自己和别人的好奇心。

祝福你！

与你同行在成长道路上的朋友

刘轩